죽은 예술가도
쑤군대는 살아있는
세계문화

SHIJIEWENHUAWEIJIEZHIMI
ZUOZHE : ZHAOYONGFENG

세계 미스터리 속 문학·예술 상식

죽은 예술가도 쑤군대는 살아있는 세계문화

왕옌밍 · 짜오융펑 지음
김수현 옮김

파라주니어

죽은 예술가도 쑤군대는
살아있는 세계문화

2009년 01월 10일 초판 1쇄 인쇄
2009년 01월 15일 초판 1쇄 발행

지은이 | 왕옌밍 · 짜오용펑
옮긴이 | 김수현
펴낸이 | 김태화
펴낸곳 | 파라북스

주   간 | 이성옥
기   획 | 조은주, 홍효은
마케팅 | 박경만
편   집 | 전지영
디자인 | 엔드디자인
관   리 | 이연숙

등록번호 | 제313-2004-000003호
등록일자 | 2004년 1월 7일
전화 | 02) 322-5353
팩스 | 02) 334-0748
주소 | 서울특별시 마포구 서교동 343-12
홈페이지 | www.parabooks.com

ISBN 978-89-93212-12-9(43900)

*파라주니어는 파라북스의 청소년 전문 브랜드입니다.
*값은 표지 뒷면에 있습니다.

문화는 인류의 생활 기록이다. 너무나 방대한 내용을 포괄하는 문화라는 개념을 한 마디로 정의 내리기란 쉽지 않지만, 이 책은 사람들의 관심을 모으는 흥미진진한 수수께끼들에 접근하는 방식으로 세계 문화의 다채로운 지식들을 하나씩 섭렵해 나간다.

모차르트는 어떻게 죽었을까? 누가 진짜 셰익스피어일까? 모나리자의 미소는 어째서 신비로운 것일까? 마르코 폴로가 정말 중국에 가 봤을까? 톨스토이는 왜 집을 떠나야 했을까? ……

문학, 예술, 철학, 문자와 저술 등 문화사 각 분야의 질문들을 모은 이 책은 수수께끼에 싸인 세계 문화의 숨겨진 이야기들을 요모조모 파헤치며 상세하게 보여 주고 있다. 문화 유적, 인물 초상, 출토 문물, 명화, 건축 유적과 역사 사진 등 풍부하게 활용된 참고 그림은 독자의 이해를 돕는다.

흥미로운 것은 이 책이 다루는 내용이 교과서에 실린 고정불

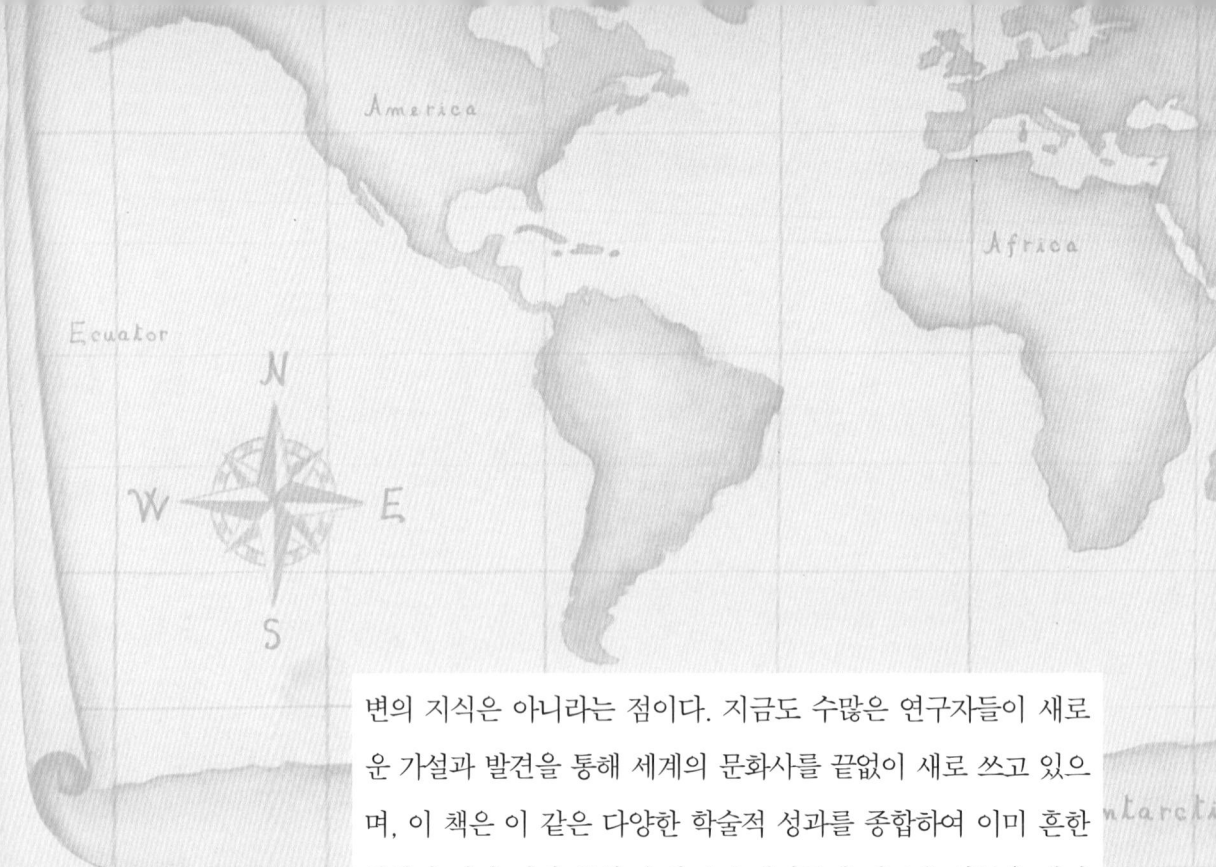

변의 지식은 아니라는 점이다. 지금도 수많은 연구자들이 새로운 가설과 발견을 통해 세계의 문화사를 끝없이 새로 쓰고 있으며, 이 책은 이 같은 다양한 학술적 성과를 종합하여 이미 흔한 상식이 되어 버린 문화 속의 수수께끼들에 새로운 의문을 제기한다.

하나의 주제를 놓고 서로 팽팽하게 맞서는 날카로운 논쟁과 치밀한 논증을 통해 우리는 주어진 지식을 단순히 흡수하는 것이 아니라 진실을 탐구하며 스스로 생각하는 앎의 즐거움까지 맛볼 수 있다.

인류는 문화를 창조하고 문화는 다시 우리 자신을 만들어 낸다. 무궁무진한 보물이 쌓여 있는 이 거대한 문화의 미궁에서 진정으로 가치 있는 문화적 소양을 흡수하여 스스로를 위해 활용하는 것이야말로 문화가 우리에게 주는 가장 큰 힘이 될 것이다.

김수현

CONENTS

1장 문학

Chapter 01 | 호메로스 서사시의 저자는 정말 호메로스일까? • 010
■교과서에 숨은 단서 찾기_《일리아드》와 《오디세이》 • 011

Chapter 02 | 셰익스피어의 작품들은 누가 쓴 것일까? • 017
■교과서에 숨은 단서 찾기_영국의 르네상스를 일으킨 엘리자베스 1세 여왕 • 023

Chapter 03 | 시인 바이런이 조국을 등진 이유 • 024
■교과서에 숨은 단서 찾기_지식인들이여, 그리스로 눈을 돌려라! • 025
■사이언스 명탐정_바이런의 목숨을 앗아간 19세기 의학 • 031

Chapter 04 | 《폭풍의 언덕》을 둘러싼 의혹 • 032

Chapter 05 | 노년의 톨스토이가 집을 떠난 이유 • 038
■교과서에 숨은 단서 찾기_러시아의 봉건 제도와 농노 • 039

2장 예술

Chapter 01 | 팔 없는 비너스상의 원래 모습 • 046
■교과서에 숨은 단서 찾기_그녀는 과연 사과를 들고 있었을까? • 049

Chapter 02 | 모나리자의 미소 • 052
■교과서에 숨은 단서 찾기_모나리자에 감춰진 또 다른 열쇠, 원근법 • 054
■사이언스 명탐정_과학자들의 '모나리자 스마일' 감상법 • 057

Chapter 03 | 빈센트 반 고흐의 마지막 선택 • 059
■교과서에 숨은 단서 찾기_고흐를 좌절로 이끈 또 한 사람의 용의자, 고갱 • 065

Chapter 04 | 의혹에 싸인 모차르트의 죽음 • 067
■사이언스 명탐정_모차르트의 두개골을 찾아서 • 073

Chapter 05 | 베토벤이 남긴 수수께끼 • 074
■교과서에 숨은 단서 찾기_10번 교향곡은 없다? • 077
■사이언스 명탐정_베토벤의 머리카락이 밝힌 진실 • 080

Chapter 06 | 독신을 선택한 슈베르트 • 081
■교과서에 숨은 단서 찾기_슈베르트가 '가곡의 왕'으로 불린 이유 • 086

3장 철학

Chapter 01 | 소크라테스의 죽음 • 088

Chapter 02 | 파시스트로 오해받은 니체 • 094

4장 문자와 저술

Chapter 01 | 라틴 어는 어떻게 만들어졌을까? • 100

Chapter 02 | 성서에 숨은 암호, 바이블코드 • 105

Chapter 03 | 마르코 폴로는 정말 중국에 갔을까? • 113
■교과서에 숨은 단서 찾기_콜럼버스를 신대륙으로 이끈 《동방견문록》 • 116

Chapter 04 | 사라진 이반 4세의 서고 • 121

Chapter 05 | 표르트 대제의 유언장 • 127
■교과서에 숨은 단서 찾기_러시아, 아시아의 전제국에서 유럽의 강국으로 • 128

제1장

문학

호메로스 서사시의 저자는 정말 호메로스일까?

대략 기원전 9세기에서 8세기 사이, 고대 그리스에서 위대한 서사시가 탄생했다. 오늘날까지도 사람들이 그 강렬한 매력에 빠져들곤 하는 호메로스 서사시, 《일리아드》와 《오디세이》이다. 세계의 유명한 문학가들과 예술가들이 이 작품의 영향을 받았으며, 플라톤과 아리스토텔레스를 비롯한 수많은 문학 애호가들이 그로부터 영감을 얻었다.

그러나 이 위대한 작품의 작가에 대해서는 정작 알려진 바가 그리 많지 않다. 기원전 5세기 이후에서야 그리스 역사학자와 비평가들이 이 작품을 연구하며 작가에 관한 자료 조사에 들어갔기 때문이다.

호메로스 서사시는 그 시대의 그리스 인들에게는 현대인의 눈에 비친 선사시대의 신화와 다를 바가 없었다. 호메로스 서사시에 대한 플라톤과 아리스토텔레스의 이해 수준도 오늘날 독자들이 셰익스피어를 이해하는 정도로 상세할 순 없었다. 그 이유가 뭘까?

셰익스피어는 인쇄술이 발달한 시대에 살았기 때문에 동시대

호메로스 서사시의 영웅 아킬레우스

서사시를 읊고 있는 호메로스
고대 그리스의 유명한 시인 호메로스가 이오니아의 큰길가에서 하프를 연주하며 트로이 영웅들의 서사시를 노래하고 있다.

교과서에 숨은 단서 찾기

《일리아드》와《오디세이》

…그리스 인들은 폴리스의 민주 정치와 자유로운 시민 생활 속에서 일찍부터 인간 중심의 문화를 발전시켰다. 문학에서는 호메로스의 《일리아드》와 《오디세이》가 서양 문학의 고전으로 손꼽힌다.…

《일리아드》와 《오디세이》는 고대 그리스의 시인 호메로스의 작품으로 알려져 있다. 《일리아드》는 10년간에 걸친 그리스 군의 트로이 공격을 마지막 50일간의 사건 속에 녹여 내고 있는 반면, 《오디세이》는 그리스 군의 트로이 공략 후 10년에 걸친 오디세우스의 행적을 40일간의 모험담 속에 담아 낸 작품이다.

이렇듯 맥을 같이하는 두 작품이지만 줄거리나 주인공의 묘사에 있어서 서로 다른 작품적 특성을 보인다는 점에서 호메로스가 실존 인물인지, 혹은 두 작품이 같은 시인의 작품인지 등을 놓고 끊임없는 논란이 있어 왔다.

사람들은 모두 그의 희곡을 책을 통해 볼 수 있었다. 그러나 고대 그리스에서는 교육을 받은 사람이라 해도 호메로스 서사시의 필사본을 직접 보기란 힘들었다. 어떤 형태로든 기억에 의존할 수밖에 없었다. 그들이 구체적으로 어떤 방법으로 호메로스의 서사시를 기억했는지, 오늘날의 우리로선 알 방법이 없다.

이런 상황에서 기원전 6세기, 문학가이자 철학자였던 플라톤은 호메로스의 시를 정리하여 일정한 형식으로 기록했다. 그러나 그 작가가 도대체 누구인지에 대해서는 자료가 남아 있지 않다.

일반적으로 호메로스 서사시의 작가는 맹인 시인 호메로스(Homeros라는 단어는 이오니아 토착어로 '장님'을 뜻한다)인 것으로 알려졌다. 그러나 이 맹인 시인이 어느 도시 출신인지도 명확하지 않았다. 호메로스의 출생지에 관해서는 아직도 논쟁이 분분하다.

호메로스 서사시는 세계 문학사에 엄청난 영향을 끼친 걸작인 탓에 만약 어느 한 도시가 호메로스의 고향으로 밝혀진다면 그 도시로서는 더없는 영광일 수밖에 없다.

그 때문에 스미르나(현재의 이즈미르), 콜로폰, 파로스, 사모스, 아테네, 에페소스 등 수많은 도시들이 앞 다투어 호메로스의 고향임을 자처하고 나섰다. 지금까지도 이들 각 지방은 자기들이 '위대한 시인 호메로스'를 배출했다고 주장하며 자랑스러워

신격화된 호메로스
기원전 2세기 후반에 만들어진 이 작품에서 호메로스는 부조 맨 아래쪽 좌측의 옥좌에 앉아 신들과 동행한 희곡 속 인물들로부터 제물을 받고 있다. 부조 상단에는 제우스와 아폴로가 9명의 뮤즈들과 함께 조각되어 있다.

헤라클레스의 전투. 도자기 그림

한다.

고대 그리스 인들은 비록 호메로스의 구체적인 개인사를 알지는 못했지만 맹인 시인 호메로스의 존재 자체를 부정한 적은 없었다. 그들은 당연히 호메로스가 그 서사시의 작가라고 믿었다. 플라톤은 《국가론》에서 당시 사람들은 호메로스를 존경했고 그가 '그리스 시민들을 교육'한 것으로 여겼다고 말한다. 18세기 이전까지 이런 견해는 유럽에서 계속 주류의 위치를 차지하고 있었다.

1744년, 이탈리아 철학자 비코는 《새로운 과학》이라는 저서에 실은 〈신으로서의 호메로스의 발견〉이라는 글을 통해 이 전통적인 관점에 처음으로 의문을 제기했다. 그는 호메로스라는 인물은 처음부터 존재하지 않았으며, 따라서 호메로스의 고향에 대한 논쟁은 아무런 의미도 없을 뿐 아니라 우습기까지 하다고 말했다.

그가 밝힌 이유는 간단했다. 《일리아드》와 《오디세이》 두 작품 사이에는 100년에 달하는 시간 차가 있다. 그런데 어떻게 같은 작가의 작품일 수가 있겠는가? 비코의 견해는 이랬다. 호메로스 서사시는 다른 민간 문학작품처럼 고대 그리스 사람들이 공동으로 창작한 것이며, 호메로스는 그리스 각 민족의 민간 신화와 이야기들을 대표하는 하나의 상징일 뿐이라는 것이다.

1795년, 독일의 고전학자 볼프는 《호메로스 서설》에서 보다 자세한 논증을 펼쳤다. 기원전 10세기부터 형성되기 시작한 호메로스 서사시는 오랫동안 입으로 전해지면서 끊임없이 수정되었고, 기원전 6세기에 와서야 문자로 기록되었다. 이 두 편의 서사시는 몇 개의 독립된 부분들로 나눠지며 각 부분은 모두 노래로 부를 수 있게 되어 있다.

볼프의 견해대로라면 결국 민간의 수많은 시와 노래들이 모여 서사시로 완성되었고, 반복되는 수정을 거쳐 비로소 오늘날의 모습이 된 것이다.

그러나 독일 학자 나우흐를 대표로 하는 또 다른 학자들은 이러한 견해에 반대한다. 그들은 호메로스가 역사상 실제로 존재했고, 플라톤 같은 대학자들도 그를 언급한 적이 있다는 점을 근거로 삼는다.

더욱이 호메로스 서사시는 통일된 창작 구조를 갖고 있으며,

일부 모순이 존재하기는 하지만 이 같은 규모의 거작에서는 충분히 나타날 수 있는 정도의 오류라는 주장이다. 그들은 호메로스 서사시가 여러 사람의 합작품이라는 견해는 아무런 근거가 없는 황당한 억측이라고 단언한다.

이 둘을 절충한 입장도 있다. 서사시가 막 등장한 시점에는 맹인 시인 호메로스가 직접 창작한 짧은 시구 형태를 띠고 있었지만, 시간이 흐르면서 다른 시인들이 재창작을 더함으로써 결국 오늘날과 같은 장편 서사시가 되었다는 것이다.

《일리아드》에서는 아킬레우스의 분노가, 《오디세이》에서는 율리시스의 표류가 중심내용을 이루는데, 그들의 주장에 따르면 호메로스가 직접 창작한 단편이 바로 이러한 핵심 내용의 원형일 가능성이 매우 높다. 그 밖의 부분들은 후대에 덧붙여졌기 때문에 한편으로는 통일된 구조를 갖추었으면서도 다른 한편으로는 앞뒤의 모순이 생겨나게 된 것이다.

한편 미국 학자 페리는 언어학의 관점에서 최근 새로운 견해를 내놓았다. 그는 호메로스 서사시에 약 2만 5,000자에 달하는 정형화된 어구들이 들어 있다는 사실을 발견했다. 이는 전체 서사시의 1/5에 해당하는 분량이다. 보통 정형화된 어구는 초기 시가에서 문자와 음악이 결합할 때 나타나는 보편적인 현상이지만, 그 양이 이처럼 많다는 것은 결코 한 사람에 의해 만들어진 결과물이 아님을 의미한다. 민간 노래꾼들이 여러 세대에 걸쳐

아킬레우스의 모습이 새겨진 암포라
(그리스 항아리)
기원전 6세기에 만들어진 이 암포라에는 그리스의 영웅 아킬레우스와 아이아스가 주사위 놀이를 하고 있는 장면이 그려져 있다. 놀이에 열중한 듯 보이지만 언제 다시 벌어질지 모르는 트로이와의 전투에 대비에 긴 창을 놓지 않은 긴장된 모습이다.

끊임없이 가공했다는 뜻이다.

　호메로스라는 이름이 어느 특정 시인의 이름인지, 혹은 일군
의 시인들의 총칭인지는 아직도 확실치 않다. 그러나 호메로스
라는 이름이 남긴 영웅 서사시는 여전히 세상과 함께 공존하고
있다.

CHAPTER 02

셰익스피어의 작품들은 누가 쓴 것일까?

문학적 지식이 조금이라도 있는 사람이라면 셰익스피어를 모른다고 하지는 않을 것이다. 셰익스피어는 오늘날까지도 세계문학사상 가장 위대한 극작가로 불린다. 그의 작품은 16~17세기 영국의 사회 현실을 진지하면서도 생동감 있게 반영하고 있는 것은 물론, 유럽 르네상스 시기 문학의 가장 뛰어난 성과이기도 하다.

윌리엄 셰익스피어(1564~1616년)

그는 평생 동안 37편의 희곡과 154편의 소네트(특정 양식의 음운과 운율을 가진 14행시), 그리고 2편의 장편시를 창작했다. 유명한 비극 《햄릿》은 셰익스피어의 이름을 세계문학사에 올린 작품이다. 그러나 이처럼 중요한 인물임에도 정작 그 자신의 일생은 여전히 수수께끼로 남아 있다.

'셰익스피어'는 배우 윌리엄 셰익스피어의 이름이다. 그는 영국의 스트랫퍼드어폰에이번에 있는 어느 상인 가정에서 태어났다. 21세에 집을 떠난 그는 생계를 위해 극장의 잡일꾼, 배우 등으로 일했다.

하지만 그 밖에 그에 관한 자료는 턱없이 부족하다. 당시 어느 누구도 그의 손에서 그렇게 위대한 작품이 나오리라고는 생각하지 못했다. 그는 세상을 떠날 때조차 아무런 주의를 끌지 못했으며, 어느 문인도 그의 죽음을 애도하는 시를 써 주지 않았다. 윌리엄 셰익스피어의 사위인 의사 존 홀의 일기에서도 장인이 저명한 극작가라는 내용은 찾아볼 수 없다.

그의 가정, 환경, 학력 등을 조사한 전문가들은 그처럼 다양하고 많은 작품들이 그의 손에서 나왔다고 보기는 매우 어렵다는 의심을 품기 시작했다. 소시민 가정에서 태어난 윌리엄이 어떻게 호화로운 궁정과 귀족들의 일상생활을 낱낱이 알 수 있었을까? 문화수준도 높지 않았던 그가 어떻게 그들의 심리를 그토록 자세하게 묘사할 수 있었을까?

바이런과 디킨스 같은 대작가들도 배우 윌리엄 셰익스피어가 이 작품들을 썼다는 데 의심을 품었다. 디킨스는 "셰익스피어에 대한 진실은 밝혀져야 한다"는 주장을 피력하기도 했다.

셰익스피어 희곡의 원작자로 제일 먼저 손꼽힌 사람은 옥스퍼드 7대 영주인 에드워드 드비어 백작이다. 희극에 매우 깊은 관심을 갖고 있던 그는 귀족 사회의 비난을 피하기 위해 셰익스피어라는 필명으로 작품을 발표했을 것이라는 추측이다. 그러나

17세기 판화에 묘사된 런던의 풍경
화면 오른쪽에 그 유명한 런던 브리지가 있고 왼쪽 상단에 우뚝 솟은 건물이 런던 세인트 폴 대성당이다. 당시 런던은 이미 대도시의 풍모를 갖추고 있었다.

백작이 세상을 떠난 1640년 이후에도 셰익스피어의 작품이 계속 등장한 사실로 미루어 볼 때, 그가 진짜 작가라는 주장은 그다지 설득력이 없다.

영국의 유명한 철학가 프랜시스 베이컨 역시 원작자로 거론된 바 있다. 그 근거는 다음과 같다.

첫째로 셰익스피어의 희극이 천문, 지리에서부터 궁중생활까지 광범위한 제재들을 자세하고 깊이 있게 다루고 있다는 점에서 배우 윌리엄보다는 철학가의 손에서 나왔다고 보는 편이 더 타당하다.

둘째, 당시 영국 사회는 사회, 종교, 정치 등 모든 방면에서 매우 혼란스러웠던 시기로, 출판 심의 역시 엄격했다. 더욱이 상류 사회와 지식 계급에서는 희극을 쓰거나 연극을 하는 것을 부끄럽게 여겼다. 따라서 누군가 셰익스피어의 이름을 빌려 극본을 썼을 가능성이 높은데, 베이컨은 재능 있고 독서량도 풍부하다는 점에서 유력한 후보라 할 수 있다.

셋째로 셰익스피어의 희곡작품이나 웨스트민스터 사원에 있는 그의 상에 새겨진 알파벳 속에 베이컨을 암시하는 암호가 감춰져 있다는 것. 그러나 이런 문자의 조합은 매우 우연이라는 점

《한 여름밤의 꿈》은 셰익스피어의 초기 낭만 희극의 대표작이다. 환상의 세계로 그려지는 아테네 부근 숲 속에서 젊은 남녀들이 서로 짝을 찾는다는 내용으로, 많은 화가들에게 영감을 주었다.

에서 별 신빙성은 없다. 무엇보다 셰익스피어와 베이컨의 작품은 언어나 사유 면에서 분명한 차이를 보이고 있다.

셰익스피어의 친구이자 극작가였던 말로가 진짜 셰익스피어라고 주장하는 사람들도 있다. 구두장이의 아들인 말로는 1587년 케임브리지 대학을 졸업하고 예술학사 학위를 받은 재능 있는 작가였다. 대표작으로는 유명한 희곡 《탬벌린 대왕》이 있으며 불행히도 1593년 런던에서 피살된 것으로 알려져 있다.

그러나 미국 문예비평가 호프만은 당시 피살된 사람은 말로의 대역이며 말로 본인은 이탈리아로 건너가 희곡 창작을 계속했다고 주장한다. 셰익스피어의

글로브 극장의 모형
런던에서 가장 유명한 건축물 중 하나인 이 극장은 2,000명의 관객을 수용할 수 있었다. 셰익스피어는 1599년에 문을 연 이 극장의 주주 가운데 하나였다.

이름을 빌려 몰래 작품을 발표했다는 것이다. 실제로《베니스의 상인》,《로미오와 줄리엣》등 셰익스피어의 여러 작품은 이탈리아를 배경으로 하고 있다. 이탈리아에 한 번도 가본 적 없는 윌리엄 셰익스피어가 어떻게 그토록 자세히 이탈리아의 정황을 묘사할 수 있었을까?

게다가 말로와 셰익스피어의 작품을 비교해 보면 놀랄 만큼 분위기가 흡사하다는 것을 알게 된다. 최근 케임브리지 대학에서 발견된 말로의 학창시절 사진 역시 셰익스피어 희곡집의 사진과 매우 비슷하다. 그러나 이 주장 역시 증거가 부족한 탓에 추측으로만 머물러 있다.

또 하나 당혹스러운 주장은 셰익스피어가 실은 영국의 엘리자베스 1세 여왕이라는 설이다. 우선 셰익스피어 희곡에 등장하는 수많은 주인공들의 처지가 여왕 자신의 상황과 매우 비슷한데다 셰익스피어 희곡에 등장하는 총 2만 1,000여 개에 달하는 어휘는 보통 사람들로서는 쉽게 구사할 수 없기 때문이다. 엘리자베스 1세 여왕은 지식이 풍부할 뿐 아니라 어휘력과 언변도 뛰어났던 것으로 알려져 있다.

셰익스피어의 작품은 정말 셰익스피어의 손에서 나왔을까? 지금도 학계는 이 문제를 놓고 논쟁을 거듭하고 있지만 우리가 확신할 수 있는 것은 단 한 가지, 우리의 역사 속에 위대한 작가가 다녀갔고, 그가 세월을 뛰어넘는 불후의 작품을 선물했다는 사실이다.

영국의 르네상스를 일으킨 엘리자베스 1세 여왕

…신항로 개척과 종교 전쟁이 계속되고 있던 16~18세기 유럽에서는 절대주의 국가들이 나타났다. 에스파냐의 뒤를 이어 절대주의 국가의 기틀을 갖춘 영국의 엘리자베스 1세는 영국 국교회를 확립하여 왕권을 강화하는 한편, 해상 무역과 국내 산업 육성을 통해 국력을 키워 갔다.…

엘리자베스 1세는 어머니인 앤 불린의 참수에 이어 반란 혐의로 런던탑에 유폐되는 등 복잡한 세력다툼을 거쳐 여왕 자리에 올랐다. 그녀는 즉위 전부터 그리스·라틴 고전과 독일·프랑스·이탈리아 등의 외국어를 익히고 역사·음악·신학에 능통하여 훗날 영국의 르네상스라고 불리는 국민 문학의 황금시대를 이끌었다. 한편 셰익스피어의 작품에는 1611년에 출간된 킹 제임스 성경의 약 2배에 달하는 2만여 개의 단어가 사용됐을 뿐 아니라, 법률과 역사 등 다방면에 걸친 전문 지식과 교양이 담겨 있어 연극을 애호했던 엘리자베스 1세 역시 진짜 저자로 의심받아 왔다. 또 하나, 두 사람의 초상화 속의 모습이 비슷하다는 점도 논란을 부추기는 실마리를 제공했다.

CHAPTER 03

시인 바이런이
조국을 등진 이유

바이런(1788~1824년)

바이런은 19세기 영국의 걸출한 시인으로 오늘날까지도 세계문학사에서 명예로운 자리를 차지하고 있다. 1788년, 런던의 몰락한 귀족 가문에서 태어난 그는 10세가 되던 해 남작 작위를 승계했다. 학생시절부터 시를 쓰기 시작하여 1812년 발표한 《차일드 해럴드의 편력》으로 명성을 얻었다.

1816년, 영국을 떠난 그는 이탈리아를 거쳐 각국을 떠돌아다니며 자유를 노래하는 시들을 지었다. 미완성의 《돈 주안》은 그 중 가장 유명한 작품이다.

1823년 초, 그리스 민족 운동이 거세어지자 바이런은 집필 중이던 《돈 주안》을 내려놓고 그리스로 달려간다. 자유와 독립을 쟁취하려는 그리스 독립 전쟁에 가담한 그는, 그러나 1824년 4월 19일 말라리아에 걸려 사망하고 만다. 1816년 영국을 떠난 이후 한 번도 고국 땅을 밟지 못한 채.

학자들이 궁금해 하는 점은 바이런이 타국을 전전했던 이유이다. 누군가는 그의 정치적 믿음이 영국의 주류 사상과 갈등을 빚

교과서에 숨은 단서 찾기

지식인들이여, 그리스로 눈을 돌려라!

…나폴레옹의 침략 전쟁 이후 여러 지역에서 싹튼 민족 의식은 독립과 통일을 도모하는 민족주의 운동으로 발전하기 시작했다. 7월 혁명과 2월 혁명을 전후하여 그리스와 폴란드에서는 독립 운동이, 이탈리아와 독일에서는 통일 운동이 활발하게 일어났다.…

15세기 말부터 오스만투르크의 지배하에 있던 그리스는 19세기 초, 프랑스 혁명의 영향으로 독립 의식이 높아졌다. 1814년 비밀결사가 조직된 데 이어 1822년 독립 선언이 이뤄지자 오스만투르크는 심한 탄압을 가하기 시작했다. 이에 바이런을 비롯한 유럽의 지식인들은 그리스의 독립 운동을 지지하는 데 목소리를 모으고 러시아와 영국이 원조하면서, 1829년 오스만투르크는 마침내 그리스의 독립을 인정하게 된다.

어 결국 조국을 떠날 수밖에 없었다고 이야기한다. 바이런은 시인인 동시에 영국의 정치가이자 연설가로, 공개적으로 인권 수호를 주장하고 폭정에 반대하였다. 노동자 계층의 권익을 보호하기 위해 상원에서 토리파의 통치를 공격하는 연설을 하면서도 당시 권력을 누리던 야당 휘그파와 손잡기를 거부했다.

바이런을 찾아와 정치적 입장을 포기한다면 그에 대한 공격을 멈추겠다고 회유하는 이도 있었다. 그런가 하면 《런던 평론》의 편집자 존 스코트는 훗날 자신이 당국의 지령을 받아 시인 바이런에게 공정하지 못한 공격을 가했다고 스스로 인정하기도 했다. 그러나 바이런은 반대파에게 전혀 굴복하지 않고 이렇게 말했다.

"참을 수 있는 일이면 최대한 참을 것이다. 그러나 참을 수 없는 일이면 나는 맞서겠다. 기껏해야 나를 이 사회에서 쫓아내기밖에 더하겠는가. 나는 이 사회를 한 번도 인정한 적이 없다. 만족해 본 적도 없다."

바이런이 조국을 떠난 이유를 다른 시각에서 보는 이도 있다. 영국 상류 사회로서는 용납할 수 없는 개성을 지녔기 때문이라는 것이다. 1811년, 바이런은 지중해 연안을 여행하고 돌아와 장편시 《차일드 해럴드의 편력》을 발표함으로써 하루아침에 유명해졌다. 영국 사교계의 총아로 떠오른 이 천재 시인은 이후 수많은 귀부인과 명문가 소녀들로부터 숭배를 받았다.

그러나 좋은 시절은 결코 오래 가지 못했다. 귀족들은 자유를 추구하는 바이런의 개성에 점차 불만을 갖기 시작했다. 완곡한 공격으로 그의 작품 세계를 부정하는 것은 물론, 보수적이고 완고한 사람들은 바이런의 인격을 폄하하는 일도 서슴지 않았다. 심지어 다리를 저는 그의 장애까지도 비난의 대상이 되었다. 시인을 공격하는 모욕이 빗발치는 상황에 이르자 바이런은 고통스럽게 말했다.

영국 하원이 회의를 소집한 모습

"만약 저들이 수군대는 유언비어가 전부 사실이라면 나는 더 이상 영국에서 살아갈 면목이 없다. 또 만약 저들의 말이 모두 헛소문이라면 이 나라에 더 이상 미련을 두지 않겠다!"

통한에 가득 찬 바이런은 결국 고국을 떠났고 영원히 돌아오지 않았다.

한편 바이런이 조국인 영국을 등진 이유를 결혼 생활의 실패로 돌리는 견해도 있다. 바이런은 본래 가정의 속박을 견디지 못하는 사람이었고, 그의 아내 밀뱅크는 속물적인 여성이었다. 안정된 가정을 원했던 그녀는 반속적이며 자유로운 그를 이해하지 못했다.

더 이상 결혼생활을 유지할 수 없다고 생각한 그녀는 바이런에게 이혼을 요구했지만 여전히 아내를 사랑하던 그는 동의하지 않았다. 그러자 밀뱅크는 의사와 짜고 바이런에게 정신병이 있다는 가짜 증거를 만들고는, 어린 딸을 데리고 곧바로 그의 곁을 떠나고 말았다.

바이런은 아내가 돌아오기만을 기다렸지만 이혼수속을 재촉하는 장인의 편지를 받자 마음이 차갑게 식고 말았다. 영국에 더 이상 미련을 둘 이유가 없다고 생각한 그는 자신에게 상처만 남긴 이 나라와 작별하기로 결심했다. 그러고는 세상을 돌아다니며 마음속의 상처를 치유하고자 했다.

보다 많이 알려진 이야기는 바이런이 방탕한 사생활로 명예가 실추되어 부득이하게 영국을 떠나게 되었다는 주장이다. 그 중에서도 특히 바이런이 배다른 누나 오거스터 리를 흠모한다는 소문은 세상 사람들의 비난거리가 되었다.

바이런은 어려서부터 누나 오거스터 리를 매우 좋아했다. 훗날 군인과 결혼한 오거스터 리가 불행한 결혼생활을 하자, 바이런은 그런 누나를 동정해 더 친밀해졌다. 그러나 동정이 점차 애정으로 바뀌면서 그는 오거스터 리에게 다음과 같은 시를 바친다.

'아무리 아름다운 여인도 당신만큼 매력적이진 못해요. 내가 듣는 당신의 목소리는 물결이 만들어 낸 음악 같지요.'

도대체 무슨 이유로 바이런은 고국을 떠나 영원히 돌아오지 않을 결심을 했을까? 그의 삶은 그가 남긴 작품만큼이나 많은 이야깃거리를 남겼다.

바이런의 목숨을 앗아간 19세기 의학

불과 150년쯤 전까지도 의학계는 사람들의 목숨을 두고 도박을 일삼고 있었다. 그들이 가진 카드는 뜻밖에도 '무지'였다. 흔히 '의학의 시조'로 알려진 히포크라테스는 거의 모든 병에 대해 세 가지의 처방을 내렸다. 피 뽑기, 구토, 설사.

놀라운 것은 이 단순하고 무지한 처방이 19세기까지 신봉되어 왔다는 사실이다. 심지어 19세기 의사들은 피를 빼 내는 방법이 병을 예방한다는 허무맹랑한 주장까지 펼쳤다. 몸속의 질병을 눈으로 판별할 수 없는 당시로서는 맥박과 소변을 통해 병을 진단할 수밖에 없었고, 그 결과 몸속의 불순한 체액을 빼냄으로써 병이 나을 수 있다고 믿는 오류에 빠진 것이다. 따라서 의사들의 고민은 한 가지였다. 환자의 피를 얼마나 뺄 것인가, 아니면 설사약과 구토제는 얼마나 처방할 것인가.

이들은 특히 혈액을 열의 상징으로 여겨 열병을 앓는 환자에겐 어김없이 혈관을 잘라 피를 흘리게 하는 처방을 내렸다. 바이런 역시 예외는 아니었다. 그리스 군과 더불어 전장으로 향하던 그는 이미 말라리아에 걸려 있었다. 그는 한사코 치료를 거부했지만 결국 의사들의 손에 넘어갔다. 군의관들은 그의 몸에서 1.5kg의 피를 뽑고 관장을 해서 대장을 비워 냈다. 열이 들끓던 바이런의 육신은 결국 만신창이가 되어 그날 밤을 넘기지 못했다.

CHAPTER 04

《폭풍의 언덕》을 둘러싼 의혹

브론테 자매의 초상
왼쪽부터 앤, 에밀리, 샬럿이다. 일찍이 뒤마 부자나 브라우닝 부부 같은 작가들이 문학사에 있었지만, 한 집의 세 자매가 동시에 문단에 등단하여 하나같이 명작을 남긴 경우는 매우 드물다.

19세기, 영국 문단에 지금까지도 유명한 브론테 세 자매가 등장했다. 샬럿, 에밀리, 앤이 바로 그들이다. 그 중 재기 넘치는 샬럿과 에밀리는 짧은 생애로 말미암아 천부적인 문학 재능을 충분히 발휘하지는 못했지만, 세계문학사에 《제인 에어》(샬럿 브론테 작)와 《폭풍의 언덕》(에밀리 브론테 작)이라는 걸작을 각각 남겼다.

1847년 12월 세상에 나온 《폭풍의 언덕》 초판의 작가는 '엘리스 벨'이라는 필명을 사용했다. 출판업자는 토마스 뉴비였다. 그러나 1850년에 다시 펴낸 이 책의 출판업자는 샬럿 브론테의 출판인이었던 스미스 엘더로 바뀌어 있었고, 이후 그 누구도 《폭풍의 언덕》의 원고를 보지 못했다. 일부에서는 스미스 엘더가 원고를 훼손하지 않았을까 추측했지만, 그럴 만한 이유는 찾을 수 없었다.

사실 원고가 사라지기 전부터 《폭풍의 언덕》의 작가가 에밀리 브론테가 아니라는 의심은 있어 왔다. 그런데 원고가 증발하고 출판인까지 바뀌자 저자에 대한 의혹은 더욱 커졌다.

재판을 찍은 출판업자가 샬럿 브론테의 출판인인 점, 샬럿이 당시 이미 《제인 에어》의 성공으로 상당한 돈을 벌고 이름을 날리고 있었던 점에 근거해, 일부에서는 《폭풍의 언덕》을 그녀의 작품으로 보기도 한다. 그러나 샬럿 브론테는 그 책이 자신의 작품이 아님을 직접 밝히며, 《폭풍의 언덕》의 두 번째 판 서문에서 여동생 에밀리 브론테가 책

《폭풍의 언덕》의 삽화
이 작품의 화자인 록우드가 히스클리프를 처음 만나는 장면.

을 집필한 근거들을 상세히 설명하기까지 했다. 여전히 반신반의하는 사람들이 있었지만, 이로써 의심의 파도는 한풀 꺾이는 듯했다.

《폭풍의 언덕》이 처음 출판된 당시에는 에밀리 브론테가 이 걸작의 저자라는 사실에는 의심의 여지가 없었다. 저명한 문예비평가 뷔퐁의 주장처럼 "문장은 그 사람을 따라간다"는 말이 그녀에게도 적용되었기 때문이다. 에밀리 브론테를 이해하면 《폭풍의 언덕》 속의 침울하고 억압된 주제가 그녀의 익숙한 체험에서 나왔다는 사실을 깨닫게 된다. 샬럿은 자신의 여동생을 이렇게 평가했다.

"자유는 그녀가 숨 쉬는 공기다. 그것이 없으면 그녀는 곧 죽

고 말 것이다."

일상생활 속의 에밀리는 강인한 성격의 무신론자에, 말수가 적으면서 강렬한 자아의식을 지닌 여성이었다. 《폭풍의 언덕》을 출판하기에 앞서 그녀는 비슷한 주제의 철학시를 발표한 바 있다. 게다가 그녀의 다른 작품을 보면 《폭풍의 언덕》과 흡사한, 간결하고 쾌활하면서도 강렬한 특징들을 발견할 수 있다.

《폭풍의 언덕》의 저작권에 관한 쟁론은 샬럿 브론테의 해명으로 일단은 가라앉았지만, 17년 후 다시 한 번 불거진다. 영국의 한 일간지에 《폭풍의 언덕》의 작가에 대해 의문을 제시하는 다음과 같은 기사가 실렸기 때문이다.

누가 과연 히스클리프 같은 사내를 만들어 낼 수 있었을까? 요람에서 무덤까지 그 어떤 파멸도 피하지 않는 그런 남자를…… 집안에 틀어박

에밀리의 필적
1845년 7월 30일에 쓴 일기.

힌 겁 많은 여성의 상상력으로 이런 일이 가능했을까?

여성에 대한 편협한 생각을 숨기지 않고 드러낸 이 신문의 기사는《폭풍의 언덕》의 원저자로 샬럿 브론테의 남동생 브란웰을 지목했다. 이미 세상을 떠난 브란웰의 친구 윌리엄 틸튼 역시 이 기사를 보고 곧장 이에 동조하는 글을 썼다. 브란웰이《폭풍의 언덕》의 도입부를 낭독하는 것을 들은 적이 있다는 것이었다. 그것도《폭풍의 언덕》이 아직 출판되기도 전에…….

틸튼은 당시의 정황을 이렇게 설명했다. 각자 시를 지어 실력을 겨루던 두 사람은 상대방의 시에 승복할 수 없어 새로운 시로 우열을 가려 보기로 했다. 그들은 시간과 장소를 정한 다음, 조셉이라는 인물에게 심사를 맡겼다.

그날 브란웰은《사신》이라는 제목의 시를 낭송하기로 되어 있었지만 정작 그의 입에서 흘러나온 것은 어떤 소설의 도입부였다. 그러나 이내 후회하며 자기가 시합에 졌다고 선언했다. 틸튼은 브란웰을 설득해 그가 낭독하던 이야기를 끝까지 읽도록 했다. 그의 낭독이 끝났을 때 조셉은 물론 틴튼 역시 놀라움을 감출 수 없었다. 틸튼은 당시의 감상을 이렇게 전했다.

에밀리 브론테(1818~1848년)
대부분의 전문가들은《폭풍의 언덕》이 그녀의 작품이 틀림없다고 생각한다. 이 걸작은 그녀에게 불후의 명성을 안겨 주었다.

《폭풍의 언덕》의 원형이 된 요크셔 하워스의 낡은 저택

"나는 한 번도 그렇게 힘 있는 문장을 본 적이 없다! 단언하건대 그 이야기 속의 배경과 인물은—물론 좀더 발전시킨다고 가정할 때—《폭풍의 언덕》과 완전히 똑같았다. 그때 받은 인상이 너무나 강렬했기에 잘못 기억했을 리가 없다."

이보다 앞서 브란웰의 또 다른 친구인 에드워드 슬론도 다음과 같이 증언했다.

"《폭풍의 언덕》을 처음 읽을 때 나는 이야기 속의 인물과 줄거리가 어떻게 나아갈지 예상할 수 있었다. 브란웰이 몇 번이고 그 원고를 읽어 준 덕분에 이미 익숙했기 때문이다……"

1872년, 조지 필립이라는 사람도 브란웰로부터 '폭풍의 언덕'이라는 제목의 소설을 쓰고자 한다는 얘기를 직접 들었다고 한다. 거친 늪지대를 배경으로 하는 그 소설의 주인공은 욕을 입에 달고 사는 요크셔의 시골 술꾼이었다는 것이다.

작품의 분위기를 문제 삼는 사람들도 있다. 《제인 에어》를 읽으면 그것이 여성의 작품임을 단번에 알 수 있지만, 《폭풍의 언덕》은 여성 작가의 손에서 나왔다는 느낌을 전혀 주지 않기 때문이다.

틸튼은 당시 아직 생존해 있던 이들 남매의 부친 브론테 노인을 찾아가 증거를 구했다. 그러나 브론테 노인은 조금도 망설임 없이 자신의 아들은 "그런 작품을 썼을 가능성이 전혀 없다"고 단언했다. 그러고는 다시는 《폭풍의 언덕》을 두고 자신을 귀찮게 하지 말라고 요구했다.

인적 증거로는 에밀리 브론테가 《폭풍의 언덕》의 원작가임이 분명하다. 그러나 의혹을 잠재울 열쇠인 '원고'가 사라진 이상 이 문학사의 수수께끼는 여전히 풀리지 않고 있다.

노년의 톨스토이가
집을 떠난 이유

1910년 10월 29일 하늘에서 가을비가 흩뿌리던 이른 아침, 러시아의 한 시골길 위로 진흙을 헤치며 달리는 마차가 있었다. 마차에는 긴 수염에 백발이 성성한 노인이 미간을 찌푸린 채 깊은 생각에 잠겨 있었다. 그는 이제 막 집을 떠나 방랑길에 오른 톨스토이였다. 그로부터 보름도 안 된 어느 날, 이 위대한 러시아 작가는 병을 얻어 아스타포보 역에 내려 역장의 집에서 세상을 떠나고 만다.

톨스토이는 어째서 그 험한 날씨에 80세가 넘는 늙은 몸을 이끌고 집을 떠난 것일까? 사람들이 그 까닭을 궁금해 하는 것은 그것이 단순한 여행이 아니라 집을 떠난 것이기 때문이다. 이 문제에 대답하기 위해서는 톨스토이의 일생을 간단하게나마 돌아보아야 할 것이다.

1828년 8월 28일, 톨스토이는 툴라 근처 야스나야 폴랴나의 한 명문 귀족 집안에서 태어났다. 10살이 채 안 되어 고아가 되었지만 집안이 부유한 탓에 비교적 순탄한 일생을 보냈다.

대학 시절, 그는 프랑스 계몽주의의 영향을 받아 차르 통치에 불만을 갖기 시작했다. 대학을 중퇴하고 고향으로 돌아와 지주로서 농민들의 삶을 개선시키고자 했으나 성공을 거두지는 못했다.

1851~1855년, 군대에 들어가 사관 후보생으로 복무하는 동안 그는 이후의 문학창작 활동의 소재가 되는 다양한 영감을 얻는 한편《유년시대》등의 작품을 발표, 청년 작가로서 첫발을

아내 소피아와 함께 아침식사를 하고 있는 톨스토이

교과서에 숨은 단서 찾기

러시아의 봉건 제도와 농노

…러시아는 표트르 대제 이후 남하 정책을 추진하는 과정에서 크림 전쟁을 벌였으나 패배하였다. 전쟁 중 즉위한 알렉산드르 2세는 자유주의적 개혁을 통해 국력을 키우고자 농노 해방과 지방 의회 구성, 군사 제도의 개혁을 실시하였다.…

러시아는 19세기까지 계속된 전제 정치의 그늘 아래 농노 제도가 뿌리 깊게 남아 있었다. 러시아 황제 알렉산드르 2세는 농노 제도가 근대화를 가로막는 요인이라 판단, 1861년 농노 해방령을 선포한다. 이를 계기로 왕실과 귀족 소유의 농민들은 농노의 신분에서 풀려나지만, 모든 토지는 여전히 지주의 재산이었기에 토지 소유를 인정받기 위해서는 배상금을 지불하거나 소작인이 될 수밖에 없었다. 즉 농노 제도의 속박이 완화됐을 뿐, 농민의 생활은 여전히 빈곤했다. 이러한 사회 구조의 모순을 받아들일 수 없었던 톨스토이는 지주 계급이면서도 자신의 기득권을 혐오하고 민중의 입장에서 사유 재산을 부정하기에 이른다.

집필 중인 톨스토이

내디딘다. 퇴역 후 유럽 각국을 여행하고 돌아온 그는 1862년, 의사의 딸인 소피아와 결혼한다. 이후 톨스토이는 문학 창작의 완숙기에 접어든다.

1864년에서 1869년에 걸쳐 써낸 대작 《전쟁과 평화》로 그는 문학사에 있어서 거장의 반열에 오른다. 전기 작가인 로만 롤랑은 이 소설을 가리켜 "우리 시대 가장 위대한 서사시, 현대의 《일리아드》"라 격찬했다. 1873년에서 1877년 사이, 톨스토이는 또 다른 대작 《안나 카레니나》를 완성한다.

1881년 모스크바로 떠난 톨스토이는 1901년 다시 고향으로 돌아오기 전까지 철학, 종교, 윤리 등의 문제에 심취, 해답을 찾고자 노력한다. 그는 특히 사회 현실에 깊은 관심을 기울이며 많은 논문을 발표하는 한편, 일종의 '무저항주의'를 제창하여 인도의 민족 독립 운동에까지 영향을 끼쳤다. 이 시기에 그는 또 다른 걸작인 《부활》을 집필함으로써 러시아 지주 계급의 부패에 날카로운 비판을 가했다.

톨스토이의 문학적 업적은 그의 사회 활동과 연계되어 그를 종교 개혁가로 탈바꿈시켰다. 레닌은 그를 가리켜 '러시아 혁명의 거울'이라 일컬었으며, 20세기 초 러시아의 대표작가 고리키는 '19세기 모든 위인 가운데 가장 위대하며 가장 복잡한 인물'로 그를 평가했다.

그렇다면 위대한 사상가이자 소설가인 톨스토이가 말년에 집을 떠난 이유는 무엇이었을까? 일부는 아내 소피아와의 갈등을 원인으로 본다. 소피아와 톨스토이는 원래 매우 사이가 좋아 문단의 미담으로 오르내릴 정도였다. 그러나 훗날 톨스토이가 벌인 일부 '지나친 행동'들이 소피아의 불만을 사게 되자 두 사람은 자주 다투었다고 한다.

만년의 톨스토이는 전 인류가 하나라는 사해동포주의 아래 사유 재산을 부정하기에 이른다. 그는 자신의 신조에 따라 토지와 재산을 가난한 사람들에게 나누어 주려 하지만 소피아의 거센 반대에 부딪히고 만다. 이에 톨스토이는 몰래 유언장을 만들어

만년의 톨스토이는 평민 계급과 함께하며 직접 밭을 갈았다.

자신이 쓴 작품의 저작권을 대중에게 되돌리겠다는 의사를 밝혔고, 가족들의 생계를 전혀 고려하지 않은 유언에 대해 소피아는 강력한 불만을 토로하고 급기야 자살 소동까지 벌이게 된다.

톨스토이의 비극을 체르트코프라는 제자의 탓으로 돌리는 이도 있다. 톨스토이가 재산을 포기할 생각으로 평소 가까이 지내던 체르트코프를 모든 저작권의 대리인으로 삼으려 하자 소피아와 자녀들이 모두 반대했고, 이에 체르트코프가 자신의 이익을 위해 톨스토이 가족들 사이에 분란을 일으켰다는 것이다. 그로 인해 집안은 혼란 상태에 빠지고 늙은 톨스토이는 분란을 피해 집을 떠났다가 결국 객사하고 말았다는 주장이다.

타당성이 있는 또 다른 관점도 있다. 젊은 시절 프랑스 계몽주의의 영향을 받은 톨스토이는 지주와 토지에 예속된 소작농의 삶을 보면서 사회 구조에 회의를 느끼고 있었다. 농민 경제에 기초를 둔 사회야말로 가장 이상적이라 믿었던 그는 토지 개혁을 통해 농민들의 권익을 최대한 보장해 주고자 했다.

만년에 이르러 이러한 사상에 더욱 심취된 그는 인간에게는 귀천의 차이가 없으며 모든 사람은 동등하다는 생각을 갖게 되었다. 그는 자신의 원래 계급과 철저히 결별하고자 법정 배심원의 영예를 거절하고 귀족장의 직무를 사퇴하는 것은 물론 직접 육체 노동에 나섰다. 하지만 가족의 압력과 세상의 편견이 자신을 속박해 오자 결국 그는 집을 떠나기로 결심한 것이다.

한편 톨스토이가 작품 활동의 모순을 견디지 못해 집을 나갔다는 주장도 있다.《부활》이후 철학과 현실 사이의 대립을 뛰어넘을 수 없었던 그는 줄곧 힘겨운 고민에 싸여 있었다. 주변 사람의 회고에 따르면 만년의 톨스토이는 자신이 쓴 원고를 계속 태워 버렸다고 한다. 작가로서 창작할 수 없다는 것은 고통스러운 일임이 분명하다.

톨스토이는 어릴 적 그의 형으로부터 숲 속 어딘가에 모든 사람을 행복하게 만들 수 있는 지팡이가 묻혀 있다는 이야기를 들은 적이 있다. 톨스토이의 마지막 유언은 바로 그 숲 속에 자신을 묻어 달라는 것이었다. 장식 없는 나무관을 사용하고 장례식도 생략하기를 원했다.

묘비조차 없는 자그마한 무덤이 말해 주듯 죽을 때까지도 '무

소유'를 꿈꾸었던 그의 정신은 살아생전 소박한 맨몸과 함께 흙으로 돌아갔다.

제2장

예술

CHAPTER 01

팔 없는 비너스상의 원래 모습

1820년 4월, 그리스 남동부 에게 해에 있는 밀로스라는 작은 섬에서 농부 이오르고스는 아들과 함께 밭일을 하고 있었다. 그가 관목더미를 뽑은 찰나, 아들이 놀라 펄쩍 뛰었다. 나무 뿌리 아래로 커다란 동굴이 드러난 것이다. 조심스럽게 동굴 안으로 들어간 부자는 그곳에서 아름다운 여인의 조각상을 발견했다. 높이 2m, 반투명한 대리석으로 된 이 반라의 조각상은 이후 전문가들의 감정을 거쳐 기원전 1~2세기에 제작된 고대 그리스의 비너스(그리스 어로는 아프로디테) 여신상으로 밝혀졌다.

당시 밀로스 섬에 정박 중이던 프랑스 군함의 함장 뒤몽 뒤르빌은 이 조각품의 가치를 한눈에 알아보고는 그리스 주재 프랑스 영사에게 이를 보고한다. 한걸음에 달려온 프랑스 영사 루이스 브레스트는 어떠한 대가를 치르더라도 이 보물을 프랑스로 가져가기로 결심한다. 그리고는 은화 100닢을 예약금으로 맡긴 다음 프랑스 대사관에 부랴부랴 이 사실을 보고했다.

곧바로 밀로스 섬에 파견된 프랑스 해군은 역시 소문을 전해

듣고 달려온 영국 해군과 맞닥뜨리게 된다. 그러나 영국, 프랑스 양국의 군함이 밀로스 섬에 도착했을 때에는 이미 조각상이 그리스 문화재 관리국으로 넘어간 뒤였다. 하지만 프랑스는 포기하지 않고 강온양책을 동원, 우여곡절 끝에 마침내 비너스 조각상을 손에 넣는다.

현재 프랑스 루브르 미술관이 소장하고 있는 이 조각상은 루브르에서 가장 귀중한 유물로 손꼽힌다. 오늘날 세계 곳곳에서 볼 수 있는 비너스상은 대부분 이 작품을 모방한 것이다.

서양인들에게 비너스 여신은 사랑과 아름다움의 상징이다. 그리스인들은 그녀를 아프로디테라고 불렀고 신들의 왕 제우스의 딸이라고 믿었다. 비너스라는 이름은 로마 시대에 붙여졌다. 그녀는 인간의 애정과 혼인, 생육과 모든 동식물의 번식·생장을 주관한다.

에게 해의 밀로스 섬에서 발견되어 '밀로의 비너스'라는 이름을 얻은 이 대리석상은 발견된 지 200년이 다 된 지금까지도 그리스 여성 조각상 중 가장 아름다운 작품으로 손꼽힌다. 조각상의 몸매는 나선형으로 조금 비틀어져 있되, 각 부분의 기복과 변화는 무한한 상상력을 불러일으킨다. 하반신은 옷으로 가려져 있어 함축적인 아름다움을 드러내고 있는 한편, 전체적으로 장중하고 우아하며 숭고한 느낌을 주면서도 온화하고 아름다운 미모로 친근감을 느끼게 한다.

여성스러운 아름다움과 부드러움에 어머니 같은 엄숙함과 자

〈밀로의 비너스〉
고대 그리스, 기원전 2세기 경

애로움이 합쳐진 이 작품을 가리켜 19세기 말 프랑스의 유명한
조각가 로댕은 '기적 중의 기적, 고전 영감의 걸작, 이성과 감성
의 결합, 지성과 영성의 합체'라고 격찬했다.

그런데 밀로의 비너스에게는 한 가지 수수께끼가 있다. 발견
될 당시부터 두 팔이 잘려 있었던 것. 그래서 얻은 '팔 없는 비너
스'라는 별명은 이후 밀로의 비너스라는 이름을 대신할 만큼 유
명해졌다. 여신의 두 팔은 도대체 어디로 사라진 것일까?

사람들은 처음부터 이 문제에 큰 관심을 가졌다. 애초에 '팔
없는 비너스'가 발견된 장소에서 팔과 손에서 부서진 듯한 일부
파편을 찾아내긴 했지만 그것이 정말 비너스상에서 나온 것인지
는 확신할 수 없었다. 한쪽 팔 조각이 한동안 프랑스 루브르궁에
소장되어 있다가 종적을 감추었다는 소문도 있었다.

그러나 끝내 여신의 팔을 찾을 수 없자 사람들의 의문은 다른 방향으로 쏠리기 시작했다. 2000년 전, 팔이 잘리기 전에 밀로의 비너스는 과연 어떤 모습이었을까? 100여 년 동안 학자들은 이 문제로 논쟁을 거듭했다.

독일의 고고학자 푸르트벵글러는 여신의 왼손은 황금사과를 든 채 낮은 기둥 위에 올려져 있고, 오른손은 아래로 늘어져 허리 밑으로 걸쳐진 옷을 누르고 있었을 것이라 추측했다. 영국의 한 의사는 사과를 쥔 왼손은 앞으로 뻗어 있었음이 분명하다고

그녀는 과연 사과를 들고 있었을까?

…흔히 '밀로의 비너스'라고 불리는 조각으로, 없어진 왼팔은 앞으로 내밀어 사과를 들고 있었을 것으로 추정된다. 대표적인 헬레니즘 시대의 조각이다.…

비너스가 사과를 쥐고 있었으리라 추측하는 이유는 무엇일까? 사과는 씨앗과 열매, 즉 결혼과 임신, 나아가 여성과 사랑을 상징한다. 미와 사랑의 여신이자 풍요와 다산의 여신인 비너스의 대표적인 신물神物이 사과인 것은 바로 이런 까닭이다. 그리스의 신화에 나오는 파리스의 심판에서 '가장 아름다운 자에게'라고 쓰여 있는 황금사과의 주인공이 아테나나 헤라가 아닌 아프로디테(비너스)였던 점도 결코 우연이 아닌 셈이다.

'밀로의 비너스'가 지닌 황금 비율의 몸매가 건강한 아름다움을 상징하고 있는 점도 같은 맥락으로 볼 수 있다.

주장했다.

또 이 외에도 앞으로 뻗은 왼손이 사랑의 신 큐피드를 향하고 있었다거나, 비너스가 전쟁의 신의 방패를 짚은 채 거울을 보고 있을 것이라는 등 다양한 견해가 등장했다.

최근에는 새롭게 발견된 프랑스 함장 뒤몽 뒤르빌의 회고록을 통해 비너스의 두 팔에 대한 비밀이 풀렸다는 주장도 나왔다. 회고록에서 함장은 이오르고스가 여신상을 발견했을 당시, 비너스의 오른팔은 아래로 내려져 있었고 왼팔은 머리 위로 구부린 채 황금사과를 쥐고 있었다고 기록하고 있다. 함장의 기록에 따르면, 프랑스가 그리스와 성공적으로 교섭을 마쳤을 때, 이 소식을 들은 영국이 군함을 보내 조각상을 빼앗으려고 하는 과정에서 여신상의 두 팔이 부서지고 말았다는 것이다.

그러나 이 기록의 진위 여부는 다소 의심스럽다. 당시 그렇게 많은 사람들이 여신상의 원래 모습을 목격했다면 어째서 논란이 분분하던 그 시점에 해명하지 않고 이제야 진상을 들고 나온 것일까?

한편 이후 수많은 예술가들은 밀로의 여신상에 새로운 두 팔

완전한 모습의 비너스 상
오랫동안 비너스는 조각가들의 사랑을 받아 온 주제였다. 오른쪽과 위의 조각상에서 여신의 완전한 모습을 볼 수 있다. 그렇지만 팔 없는 밀로의 비너스는 이보다 더 신비롭고 고귀한 아름다움을 가진 듯하다.

을 만들어 주고자 했다. 그들은 비너스에게 두 팔이 생기면 더욱 완벽할 것이라 믿었다. 그러나 기대와 달리 어떤 시도에도 결과는 만족스럽지 않았고 오히려 어색하게 느껴질 뿐이었다. 사람들은 마침내 두 팔이 없는 지금 그대로의 모습이야말로 무한한 상상의 여지를 남겨 준다는 점에서 가장 자연스럽고 매혹적이며 아름답다는 사실을 깨달았다.

어쩌면 이 여신상은 '탄생'되기 전부터 두 팔이 없었을지도 모른다. 이런 추측은 누가 봐도 밀로의 비너스가 완벽하게 느껴지는 이유를 설명해 준다. 반면 다른 조각상에서 두 팔을 떼 버린다면 그 모습은 참혹하게만 보일 것이다.

밀로의 비너스가 원래 어떤 모습이었는지는 좀처럼 밝히기 어려울지도 모른다. 하지만 무슨 상관인가. 바로 그 때문에 밀로의 비너스가 더욱 묘한 매력을 발산하지 않는가?

CHAPTER 02

모나리자의 미소

<모나리자> (레오나르도 다 빈치, 1503 ~1506년)

레오나르도 다 빈치의 작품 <모나리자> 를 보고 있노라면 누구든 그림 속 여인의 미소에 깊이 빠져들게 된다. 양미간을 편 채 조금 올라간 입 꼬리에 스치듯 머금은 미소는 보는 이의 마음에 따라 다른 느낌을 준다. 마음이 평온할 때, 모나리자의 미소는 맑은 물에 피어난 꽃처럼 사람을 도취시킨다. 슬픈 사람에게는 모나리자의 미소에서 배어나는 약간의 애수가 위로가 되기도 한다. 또 때로는 차가운 얼음장 같아 정중한 느낌을 불러일으킨다.

모나리자의 이런 예술적 매력은 어디에서 비롯되는 것일까? 위대한 화가 다 빈치의 재능 덕분일까, 아니면 그림의 모델과 관련이 있는 것일까? 모나리자가 세상에 나온 이래 몇백 년 동안 이 신비로운 미소는 사람들의 관심을 받아 왔다. 이처럼 신비로운 분위기를 자아내는 이유를 여러 관점에서 밝혀 보려는 시도도 계속되었다.

우선 심리학의 심미 이론에 근거한 견해를 살펴보자. 예술품을 보고 느끼는 감상은 사람에 따라 또 상황에 따라 각각 다를 수밖에 없다. 사람들은 대개 자신의 개인적인 관점과 경험을 기초로 예술품을 감상한다.

따라서 이른바 '모나리자 미소의 신비'는 사실상 특별히 주목하거나 연구할 가치가 없다고 보는 견해가 나올 수 있다. 즉 중세 스콜라 철학자들이 바늘 하나에 천사가 몇 명이나 올라갈 수 있느냐는 문제를 두고 벌였던 논쟁처럼 무의미하다는 것이다.

게다가 어떤 예술품이든 일단 만들어진 뒤에는 바뀌지 않는 나름의 색깔이나 의미를 띠게 마련이다. 예컨대 슬픈 노래를 들으며 깔깔댈 수 없고, 호쾌한 시를 암송하면 읽는 이의 기분과 상관없이 처량한 느낌이 들지 않는 것처럼, 모든 작품에는 그만의 독특한 분위기와 특별함이 있다. 그러므로 굳이 '모나리자'라는 작품을 두고 논쟁을 벌일 필요가 없는 셈이다.

레오나르도 다빈치(1452~1519년)의 흉상

물론 레오나르도의 천재적인 예술성에 그 공을 돌리는 이도 적지 않다. 구체적인 개성을 가진 인물의 얼굴에 거침없는 상상력을 더해 가장 이상적인 미의 전형을 창조해 낸 레오나르도는 잠시 스쳐간 표정을 영원한 미소의 상징으로 승화시켰다. 이 모순된 긴장감이 작품에 신비로운 아름다움을 더한 것이다.

이를 위해 레오나르도는 독창적인 회화기법을 사용했다. 그는 그림의 배경을 이루는 풍경의 높이를 달리함으로써 관찰자의 시선이 모델의 눈을 기준으로 앞뒤로 움직이도록 해 더욱 생동감 있는 분위기를 연출하고 있다. 또한 모델의 입가와 눈가를 뚜렷한 선이 아닌 모두 보일 듯 말 듯한 모호한 경계로 처리하여 너무나 인간적이어서 오히려 신비해 보이기까지 하는 미소를 창조해 냈다.

모나리자의 비밀을 의학적인 관점에서 고찰하려는 시도도 있었다. 벨기에의 한 교수는 모나리자가 폭식과 운동 부족으로 인

모나리자에 감춰진 또 다른 열쇠, 원근법

…르네상스 미술

르네상스 시대는 신 중심의 미술에서 벗어나 인간 중심의 아름다움을 추구하였다. 원근법과 해부학이 나타나고, 사실적인 표현이 등장하였다. 르네상스 시대의 대표적인 화가로는 레오나르도 다 빈치, 미켈란젤로, 라파엘로 등이 있다.…

레오나르도는 르네상스 화가들이 즐겨 사용하던 전형적인 원근법에 덧붙여 스스로 '공기 원근법'이라 이름 붙인 새로운 기법을 사용했다. 이는 공기의 작용에 의해 멀리 있는 사물의 경우 채도가 감소하고 윤곽이 흐릿해진다는 점에 착안한 방법이다. 즉 배경을 처리함에 있어 형체를 모호하게 하고 밝고 흐린 빛을 사용하여 작품 속 공간이 뒤로 물러나 있는 듯한 착각을 일으키게 하는 것이다. 스푸마토 기법이라 이름 붙인 이 원근법은 동양화의 배경에서도 자주 볼 수 있다.

〈L. H. O. O. Q〉(뒤샹, 1919년, 프랑스)
모나리자의 얼굴에 콧수염과 턱수염을 덧붙인 이 그림은 마르셀 뒤샹의 대표작 중 하나다. 제목인 'L. H. O. O. Q'는 프랑스식으로 발음하면 '그녀의 엉덩이는 뜨겁다'라는 뜻으로, 별 다른 의미 없이 붙인 것이다. 뒤샹이 그려 넣은 '모나리자의 콧수염'은 이후 예술 허무주의의 대명사가 되었다.

한 고지혈증을 앓고 있었다고 주장하며, 왼쪽 손과 눈가의 부기를 그 증거로 들었다. 같은 이유에 근거해 모나리자가 임신 중이라는 견해는 물론, 모나리자의 다문 입을 볼 때 치아가 없거나 문제가 있다는 추측까지 나왔다.

또 덴마크의 한 의사는 모나리자 얼굴에 나타난 묘한 표정이 선천성 마비 증세에서 비롯됐다는 분석을 내놓기도 했다.

한편 〈모나리자〉의 진본 역시 끊임없는 논쟁거리가 되어 왔다. 수많은 수집가들은 〈모나리자〉의 진품을 가지고 있다고 주장했기 때문이다. 통계에 따르면 세계 각종 명화 도록에 등장하는 〈모나리자〉만 해도 이미 60여 종에 이른다. 심지어 최근에는 〈옷지 않는 모나리자〉까지 등장했다.

미국 포틀랜드 미술관이 소장하고 있는 〈웃지 않는 모나리자〉는 얼굴에 표정이 없고 의상과 배경이 다르다는 것만 빼고는 다 빈치의 모나리자와 흡사하다. 안료분석 결과, 이 작품은 제작연대가 다 빈치가 활동하던 시기와 일치하고, 다 빈치와 마찬가지로 왼손잡이 화가가 그린 것으로 드러났다. 그렇다면 이 작품은 다빈치의 습작이었을까? 아니면 동시대를 살았던 화가가 베낀 그림일까?

르네상스 시대가 낳은 최고의 미술가이자 과학자, 사상가이자 기술자였던 경이로운 천재, 레오나르도 다 빈치! 그가 남긴 수많은 유산 가운데 하나인 〈모나리자〉만 보더라도 신비에 가까운 그의 명성과 천재성을 다시 한 번 확인하게 된다.

::사이언스 명탐정::

과학자들의 '모나리자 스마일' 감상법

1. 사라진 미소(마가렛 리빙스톤 교수, 하버드 의대 신경생리학)_ 우리 눈은 집중해서 보는 대상과 더불어 주변도 동시에 인식한다. 이때 세부와 전체, 어느 쪽에 중점을 두느냐에 따라 대상은 달라 보일 수 있다. 모나리자의 경우, 눈이나 주변부를 바라볼 때는 미소를 짓고 있는 것으로 인식되지만, 오직 입을 바라보면 미소가 사라지고 만다.

2. 좌뇌와 우뇌가 보는 얼굴은 다르다(지상현 교수, 한성대 지각심

리학 교수)_ 인간의 두뇌 가운데 얼굴의 표정을 인식하는 것은 우뇌의 몫이다. 그리고 우뇌는 화면 왼편에 보이는 정보를 처리한다. 모나리자의 왼쪽 입가는 입꼬리가 살짝 올라가 웃는 듯 보이지만 오른쪽은 오히려 무표정에 가깝다. 따라서 보는 이의 입장에서는 표정 없는 오른쪽의 인상이 두드러진다. 그리고 시선이나 보는 거리에 따라 오른쪽 얼굴의 미소가 살짝 살짝 드러난다. 웃는 듯 마는 듯한 미소의 비밀이 바로 여기에 숨어 있는 것이다.

3. 컴퓨터, 모나리자의 마음을 읽다(일리노이 주립대-암스테르담대 연구진)_ 이들 연구진이 공동개발한 '감성 인식 소프트웨어'는 실제 사람들의 표정을 통해 감정을 분석하게끔 만든 컴퓨터 프로그램이다. 이를 통해 모나리자의 감정을 분석한 결과 83%의 행복, 9%의 혐오, 6%의 두려움, 2%의 화가 감춰진 것으로 드러났다. 모나리자의 미묘한 미소 뒤에는 그만큼 복잡한 감정이 얽혀 있었던 것.

CHAPTER 03

빈센트 반 고흐의
마지막 선택

1853년, 빈센트 반 고흐는 네덜란드의 한 신교도 가정에서 태어났다. 젊은 시절엔 런던, 파리, 헤이그의 화랑에서 일했고, 이후에는 벨기에의 탄광촌에서 전도사로 활동했다. 탄광촌 사람들의 비참한 삶을 목격한 그는 열정을 가지고 광산 노동자들을 돕는 한편 중상을 입고 죽어 가는 광부들을 무료로 진료해 주었다. 하지만 그로 인해 광산주의 불만을 사게 되고 겨우 6개월 만에 해고당하고 만다.

1881년 그림을 그리기 시작한 고흐는 1886년 파리로 건너가 화랑 점원으로 일하던 남동생 테오에게 몸을 의탁하게 되면서 처음으로 인상파의 작품을 접하게 된다. 이후 작품 활동에 몰입하던 그는 1888년 프랑스 아를로 옮겨가면서 본인의 예술 세계를 활짝 꽃피운다. 하지만 같은 시기 정신 발작을 일으키면서 작품 제작과 정신병원 입원을 반복한다.

1890년 5월 16일, 고흐는 1년간 입원해 있던 생레

〈자화상〉(빈센트 반 고흐, 1887년)

미의 생폴 정신병원에 작별을 고하고 남동생 테오를 만나기 위해 파리로 향한다. 테오의 아내는 당시 상황을 이렇게 회고했다.

"난 병자를 만나게 되리라 생각했어요. 그런데 우리 앞에 나타난 건 온전한 정신에 얼굴엔 미소까지 머금고 있는, 건강한 모습의 그였죠. …… 그는 완전히 다 나아 있었어요."

그러나 '완전히 다 나은' 줄 알았던 고흐는 2개월 후 자살을 택한다!

37년이라는 짧은 인생 동안 그는 자기 생의 가장 중요한 순간

〈별이 빛나는 밤〉(1889년)
조용하면서도 생동감 넘치는 이 유화는 고흐가 죽기 직전 마지막 1년, 정신병과 싸우는 동안 완성한 작품이다. 선회하는 푸른색과 노란색의 하늘은 용솟음치는 격류 같은 느낌을 준다. 색채와 이미지에 대한 극도로 예민한 감각과 세상의 이해를 갈망하는 그의 영혼이 이 같은 걸작을 낳았다.

들을 예술에 바쳤다. 10년밖에 되지 않는 예술 생애에서 그는 수많은 유화와 소묘, 판화를 창작했다. 하지만 그의 작품이 정작 진가를 인정받기 시작한 것은 그의 사후이다. 최근 몇 년 사이에 열린 세계 명화 경매에서 1,000만 달러 이상의 가격으로 팔려나간 작품만 해도 4점에 달하며, 그 중 〈붓꽃〉과 〈해바라기〉는 각각 5,330만 달러와 3,985만 달러에 거래되었다.

그러나 이 사실은 오히려 많은 사람들을 안타깝게 만들었다. 만약 고흐가 살아생전 그 돈의 일부라도 벌 수 있었다면 권총으로 자살하는 일은 없지 않았을까. 많은 사람들이 가난이야말로 고흐가 죽음을 선택한 가장 직접적인 원인이라고 생각한다. 확실히 그는 평생 빈곤에 허덕였고, 죽기 직전까지 남동생 테오의 도움을 받아 간신히 삶을 꾸려 갔다.

고흐가 정신이상을 일으키고 자살까지 한 원인이 '압생트'라는 술에 중독된 탓이라는 견해도 있다. 미국 캔자스 대학의 아놀드 교수를 대표로 하는 생물학 팀은 고흐가 만년에 쓴 서신의 내용을 분석, 그가 생전에 다량의 압생트 주를 마셨음을 알아냈다. 당시 압생트 주는 향쑥, 육두구, 펜넬, 아니스, 히숍 등의 식물을 원료로 하는 복잡한 처방으로 만들어졌다. 그 중 향쑥과 육두구에는 신경조직에 유해한 성분이 있어 중독성이 있고, 심하면 정신착란을 일으킬 수 있다.

압생트 주는 마약처럼 충동적인 영감을 불러일으키는 한편 중독 초기에는 흥분과 환각을 유발하고, 중독이 심해지면 경련, 구

반 고흐가 그린 단순하면서도 힘 있는 작품 〈해바라기〉

복잡하면서도 우아하게 그려진, 진한 오렌지색의 해바라기. 불꽃을 연상시키는 다채로운 색조로 표현된 해바라기 하나하나에 힘찬 붓의 터치가 느껴진다.

대나무 공예처럼 종횡으로 교차하는 붓의 터치는 크림 같은 노란색의 단순한 배경에 독특한 질감을 더하고 있다.

물감을 잔뜩 칠한 붓을 화폭에 힘껏 누른 흔적이 남아 있다. 붓의 압력 때문에 물감이 양옆으로 솟아올라 마치 수레바퀴가 막 지나간 느낌이다.

꽃병의 위아래를 칠한 두 가지 색은 배경과 정반대로 배치되어 다소 평면적으로 보이지만, 끝으로 두터운 백색으로 반사광을 표현함으로써 입체적인 질감을 살리고 있다.

줄기는 그저 편편하게 칠해져 입체감이 도드라지지 않으면서도 충분히 계산된 효과를 보여 준다. 화면의 모든 세부에 일종의 방향성을 가진 힘이 드러난다.

〈해바라기〉의 서명은 색깔이나 위치가 다른 그림의 서명과 상당히 다르다. 형태를 감추는 식으로 표시된 서명은 화면을 구성하는 중요한 요소로서 그림의 분위기를 살려 준다.

진한 색으로 마지막에 테두리를 그리되, 처음부터 끝까지 세세하게 윤곽선을 채우지 않고 강조되는 부분에만 붓자국을 남겨 꽃병이 평면적인 배경에서 돌출되어 보이도록 하고 있다.

062

토는 물론 대소변을 조절하지 못하는 지경에 이르게 된다. 고흐 역시 죽기 전 18개월 동안 위통과 변비, 정신공황, 환각 등의 증상을 보인 바 있다.

일부에서는 애정 관계의 실패가 그의 자살을 이끈 근본적인 이유라고 주장한다. 고흐는 어느 여성에게서도 행복을 얻은 적이 없다. 그는 평생 애정에 대한 갈망과 또 실망 사이에서 배회해 왔다. 런던에서 점원 일을 하는 동안 집주인의 딸에게 연정을 품었지만 되돌아온 것은 비웃음뿐이었다. 자존심에 상처를 입은 고흐는 그때부터 침울하고 과묵해졌다.

유일하게 성공적이었던 연애는 그가 오베르로 옮겨 갔을 때 알게 된 의사 가셰의 딸 마르게리트와의 만남이었다. 두 사람은 서로 사랑했으나, 가셰는 가난하고 못생긴 고흐와 딸의 결합을 결사적으로 반대하여 이 둘을 떼어 놓고 말았다. 좌절된 사랑은 반 고흐에게 큰 충격을 안겨 주었고 결국 그는 정신이상과 자살로까지 치달았다는 것이다.

어쩌면 고흐가 자살한 데에는 이 모든 것들이 복합적으로 작용했을지도 모른다. 또 한편으로는 그것이 더 이상 중요한 문제가 아닐는지 모르겠다. 우리는 오히려 그와 같은 천재들을 좀더 일찍 받아들이지 못한 스스로를 반성해 봐야 하지 않을까?

고흐를 좌절로 이끈 또 한 사람, 고갱

…근대 미술-후기 인상파
작가의 주관과 감정을 자유롭게 표현한 후기 인상파는 현대 미술에 많은 영향을 미쳤다. 세잔은 대상을 원뿔, 원추, 구 등의 기하학적 형태로 파악하여 입체파에, 고흐는 강렬한 색과 짧은 터치로 표현주의에, 고갱은 단순한 형과 색을 장식적으로 표현하여 야수파에 영향을 주었다.…

고흐와 고갱은 새로운 예술촌 건설을 꿈꾸며 프랑스 아를에서 동거생활을 한 바 있다. 고갱을 우상처럼 믿고 따랐던 고흐와 달리 고갱은 고흐를 무시하는 경향이 있었고, 성격에도 차이가 있어 고갱은 고집스럽고 도도한 반면 고흐는 격정적이고 충동적이었다. 이 같은 차이는 결국 이들의 사이를 갈라놓았다. 그 단서는 두 사람이 자주 찾은 카페 풍경을 그린 그림에서도 찾을 수 있다. 두 사람은 〈아를의 밤의 카페〉라는 같은 제목의 그림을 그렸는데, 고갱은 자신의 작품 배경에 고흐가 평소 가까이 지냈으며 즐겨 그린 지인들을 등장시켜 타락한 인물로 묘사함으로써 고흐에게 모욕감을 안겨 주었다.
두 사람이 불화를 겪는 가운데 신경쇠약에 걸린 고흐는 자신의

〈아를의 밤의 카페〉
(폴 고갱, 1888년)

작품 중 가장 날카로운 눈을 한 자화상이자, 두 귀가 멀쩡한 모습아 그려진 마지막 자화상을 그리게 된다. 고갱과의 절교에 분노와 슬픔을 느낀 나머지 얼마 후 귀를 자르기에 이른 것.

두 사람의 만남과 충돌이 두 사람 모두에게 미술사를 바꾼 작품들을 낳는 원동력과 자극이 되었음은 분명한 사실이다. 허나 이는 고흐의 이상과 생명력을 좌절과 죽음으로 바꾼 또 하나의 배후였을지도 모른다.

CHAPTER 04

의혹에 싸인
모차르트의 죽음

오스트리아 작곡가 볼프강 아마데우스 모차르트(1756년~1791년)는 세계에서 가장 위대한 음악가 중 하나이다. 길지 않은 35년의 생애 동안 그의 손에서 탄생한 600여 편의 작품 가운데 〈피가로의 결혼〉, 〈돈 조반니〉, 〈터키 행진곡〉 등 수많은 곡들이 오늘날까지 사랑받고 있다. 그러나 이 위대한 작곡가가 세상에서 보낸 마지막 날은 비참하기 이를 데 없었다.

1791년 12월 5일, 모차르트가 숨을 거둔 날 저녁, 날씨는 유난히 차갑고 거센 비바람이 몰아쳤다. 모차르트의 아내 콘스탄체는 병으로 몸져누워 있었다. 장례식에 참석한 몇 명 되지 않는 조문객마저 뿔뿔이 흩어지자 모차르트의 유해 곁에는 묘지를 지키는 노인 한 사람밖에 남지 않았다. 노인은 모차르트가 전염병으로 죽어 아무렇게나 묻히는 것이라고 생각했다.

병에서 회복된 콘스탄체는 곧 스웨덴의 한 외교관과 결혼했다. 17년이 지난 후에야 모차르트의 무덤을 찾았지만, 그가 묻힌 정확한 장소를 기억하는 사람은 아무도 없었다.

더욱 안타까운 사실은 모차르트의 사인조차 정확하게 밝혀지

모차르트(1756~1791년)

지 않았다는 점이다. 당시 병에 걸린 모차르트를 치료한 사람은 비엔나에서 가장 유명한 두 의사였다. 그들은 피를 뽑고 얼음찜질을 하는 방법으로 환자의 열을 내리려 했지만 아무런 소용이 없었다. 모차르트가 죽은 뒤 이들은 부검도 거치지 않은 채 단지 시신의 팔다리가 부어올랐다는 점에 근거해 열병에 의한 사망이라는 결론을 내렸다.

그러나 후대 사람들의 생각은 달랐다. 그들은 모차르트의 사인에 대해 갖가지 의견을 내놓았다. 폐렴, 장티푸스, 신장결석, 심지어는 류머티즘에 이르기까지 150종 이상의 질병이 거론됐다.

그가 죽은 지 200여 년이 지난 2001년, 미국의 전염병 전문가 잰 허쉬만은 모차르트가 선모충에 감염되어 죽었다고 주장했다.

오페라 〈피가로의 결혼〉의 한 장면
모차르트의 오페라 가운데 가장 위대한 걸작인 이 작품은 1786년에 완성되었다. 프랑스의 극작가 보마르셰의 희극을 원작으로 한다.

이는 기생충에 감염된 돼지고기를 날것이나 덜 익은 상태로 먹었을 때 발생하는 병이다. 선모충에 감염되면 팔다리가 부어오르고 열이 나며 온몸이 가려워진다. 그는 모차르트가 1791년 10월 말 아내에게 쓴 편지를 근거로 들었다.

'포크커틀릿은 얼마나 맛이 좋은지! 자주 즐겨 먹는다오.'

허쉬만은 그밖에도 모차르트의 전기와 역사 문헌, 선모충에 관한 자료도 조사했다. 그 과정에서 모차르트가 살던 시대에는 가축 도살에 관련된 위생 기준이 형편없이 뒤떨어진 데다 의료 수준 또한 낙후되어 돼지 선모충에 감염, 목숨을 잃는 사례가 흔했던 것으로 밝혀졌다. 무엇보다 역사 문헌에 기록된 모차르트의 병세와 돼지 선모충 감염 증상이 완전히 일치했다. 모차르트는 아내에게 편지를 쓴 지 44일째 되는 12월 5일 세상을 떠났다. 공교롭게도 돼지 선모충 병독의 잠복기간은 50일 전후이다.

모차르트의 죽음과 관련된 더 잘 알려진 이야기도 있다. 1791년 7월 폭풍우가 몰아치던 날 밤, 얼굴빛이 창백하고 검은 옷을 입은 불청객이 병으로 신음하고 있던 모차르트를 찾아왔다. 그

천재 작곡가 모차르트가 어린 시절 피아노를 치는 모습

는 모차르트에게 죽은 사람의 영혼을 달래기 위한 미사곡인 〈레퀴엠〉을 작곡해 달라고 요구했고, 무슨 이유에선지 모차르트는 이를 응낙했다.

얼마 후 병세와 피로가 겹친 모차르트가 세상을 떠나자, 이 검은 옷의 사내가 모차르트를 죽음으로 몬 범인이라는 주장이 나오게 된다. 사내의 정체를 밝히면 모차르트의 사인도 자연히 풀린다는 것이다. 그렇다면 검은 옷의 사내는 대체 누구일까? 하지만 남자의 정체 또한 아직도 베일에 가려 있다.

일부에서는 이 비밀의 사내가 궁정의 수석악사 살리에리라고 주장한다. 1782년, 빈에 나타난 26세의 모차르트가 천재적인 음악성을 통해 오스트리아 궁정의 모든 사람들을 사로잡자 살리에리는 그를 질투하게 된다. 자신을 줄곧 빈 음악계의 일인자로 여겨 온 그는 모차르트의 명성이 나날이 드높아짐에 따라 황제의 총애를 빼앗길까 두려운 나머지 눈엣가시를 제거해 버리려는 마음까지 먹었다는 것이다.

모차르트는 평소 몸가짐에 신경을 쓰지 않는 자유분방한 인물이었다. 이에 살리에리는 궁정의 권세 높은 귀족들과 모차르트 사이를 이간질하기 시작했다. 그 결과 보수적인 빈의 주류 음악계에서 모차르트는 곧 '이단아' 취급을 받게 되고, 그의 작품은 더 이상 극장에서 연주되지 못했다. 모차르트의 생활은 나날이 어려워졌다. 하지만 모차르트의 재기를 두려워 한 살리에리의 흉계는 여기서 끝나지 않았다.

모차르트는 마침 사랑하던 아버지의 죽음으로 정신적인 타격을 입고 건강이 악화되고 있던 무렵이었다. 기회가 왔다고 여긴 살리에리는 비가 내리는 밤을 골라 모차르트를 찾아갔다. 모차르트의 아버지가 생전에 사용하던 가면에 검은 옷을 걸친 그는 모차르트에게 〈레퀴엠〉을 써달라고 요구했다. 공포와 슬픔에 휩싸인 채 밤을 새우며 〈레퀴엠〉 작곡에 몰두하던 모차르트는 얼마 후 기력이 다해 세상을 떠나고 만다. 게다가 곧 살리에리가 자살을 시도하고 급기야 정신병원에 보내짐으로써 그에 대한 의혹은 더욱 증폭된다.

하지만 살리에리가 모차르트를 해치려 한 증거는 전혀 남아 있지 않다. 이에 제3의 인물이 용의자로 떠오르기 시작했다. 프란츠 폰 발제크 백작. 그는 자신이 가진 음악적 재능 이상의 찬사를 바랐던 인물이다. 허영심을 감춘 채 고상한 척하기 좋아하던 그는 종종

〈모차르트에게 경의를 표하며〉
(장 뒤뷔페)

돈을 주고 곡을 산 다음 자택에서 연주회를 열어 자신의 작품인 양 자랑하곤 했다.

그의 아내가 세상을 떠난 1791년, 백작은 버릇대로 자신의 재능을 뽐내려 했는지 아니면 죽은 아내를 진심으로 애도하기 위해서였는지는 알 수 없으나 하인을 보내 모차르트에게 〈레퀴엠〉을 작곡해 줄 것을 요구한다. 아내의 장례식에서 자기의 작품인 것처럼 연주하기 위해서였다. 백작이 제시한 거액에 모차르트는 거절하지 못했다. 그러나 그의 선택은 결국 자신의 죽음을 재촉하고 말았다.

모차르트의 아름다운 음악을 기억하는 사람들은 그의 비참한 운명 또한 잊지 못한다. 그의 죽음을 둘러싼 의혹이 그치지 않고 불거지는 까닭은 사람들이 위대한 예술가의 허무한 죽음을 안타까워 하기 때문일 것이다.

모차르트의 두개골을 찾아서

모차르트의 탄생 250주년을 맞은 2006년, 오스트리아의 법의학 연구소는 미국의 과학자들과 함께 모차르트의 두개골로 추정되는 유골의 DNA 분석에 나섰다. 150여 가지로 추측되는 사망 원인 가운데 진실을 가려내기에 앞서 두개골의 진위 여부부터 확인하기 위한 것. 이 두개골은 모차르트의 시신을 매장한 요제프 로트마이어가 그로부터 10년 뒤 수습한 것으로 알려져 있으나, 지난 세월 그 위치조차 확인되지 않았던 터라 모차르트의 실제 유골이 맞는지 여부를 놓고 의심을 받아 왔다.

확인 작업을 위해 연구진들은 모차르트의 친척 유골을 발굴, 두개골 간 DNA 대조작업에 나섰으나 그 중 하나가 모차르트의 것과 일치하지 않는 것으로 드러나 당혹스러워하고 있다. 이로써 두개골의 주인이 모차르트임을 증명하는 시도는 실패로 돌아가고, 어딘가에서 유해가 뒤바뀌었으리라는 추측은 더욱 힘을 얻게 됐다. 현재 이 두개골은 잘츠부르크에 있는 모차르테움 재단에 보관 중이다.

CHAPTER 05

베토벤이 남긴 수수께끼

1827년 뇌성벽력이 내리치던 어느 날, 베토벤이 57세의 나이로 세상을 떠났다. 그날 세상은 한 명의 천재적인 예술가를 잃는 대신 알 수 없는 수수께끼 몇 개를 떠안았다. 베토벤이 남기고 간 베일 속 수수께끼. 그 중 아직도 논쟁에 휩싸여 있는 세 가지는 다음과 같다.

첫째, 베토벤은 왜 죽음을 맞았을까? 둘째, 베토벤은 과연 10번째 교향곡을 작곡했을까? 셋째, 베토벤의 '불멸의 연인'은 대체 누구일까?

사실 베토벤이 땅에 묻힌 그날부터 그의 죽음은 줄곧 풀리지 않는 수수께끼로 남아 있다. 당시 의사들은 베토벤의 사인이 간질환과 부종이라고 생각했다. 그러나 베토벤의 비서를 자처하며 늘 그의 곁을 지켰던 안톤 신들러는 베토벤이 돌팔이 의사의 오진으로 죽었다고 주장했다. 그는 베토벤이 다량의 모르핀과 비소가 함유된 약물을 복용했다는 증거를 갖고 있었다.

베토벤의 유물

그로부터 오랜 시간이 지난 2000년, 미국 시카고의 건강연구소 연구팀이 베토벤의 머리카락을 4년간 분석한 끝에 납 함량이 정상인보다 100배가 높다는 사실을 밝혀 냈다. 해당 프로젝트의 책임자 윌리엄 월시는 이것이 베토벤이 납중독으로 사망했음을 말해 주는 증거라고 밝혔다.

납은 수은과 마찬가지로 오랫동안 각종 경로를 통해 인체에 서서히 축적된다. 베토벤이 중년에 청각장애를 앓은 이유도 어쩌면 납 중독 때문일 수 있다. 베토벤의 지인들은 베토벤이 생전에 소화불량과 만성복통, 설사, 조울증 같은 만성질환을 앓았다고 기억했다. 실제로 그는 은거 등의 돌출행동과 불같은 성미로 유명했다. 복통과 조급증, 과잉행동 등은 납 중독의 전형적인 증상이다.

이를 뒷받침하는 또 다른 증거도 있다. 19세기 당시 오스트리아는 이미 중금속이 지나치게 많이 사용되고 있었다. 특히 대규모 공업도시로 탈바꿈한 빈을 흐르는 도나우 강과 라인 강 주변에는 수많은 납 공장이 들어서 있었다. 환경을 생각하는 의식은 찾아보기 힘들었던 그 무렵, 공장들은 다량의 중금속(특히 납)을 포함한 오수를 아무 처리 없이 강으로 흘려 보냈고, 하수는 심각하게 오염된 상태였다.

더욱 유감스러운 것은 베토벤이 가장 즐겨 먹었던 음식 가운데 하나가 도나우 강에서 잡아 올린 물고기였다는

베토벤(1770~1827년)
베토벤은 세계 음악사에서 가장 위대한 음악가로 평가받는다. 평생 병마에 시달렸던 그에게 특히 청각을 잃는 불행은 음악가로서의 앞길을 막아 버린 비극과도 같았다.

사실이다. 하지만 오염된 민물고기의 잦은 섭취가 납 중독의 원인이라는 주장은 여러 추측 가운데 하나일 뿐, 그가 납 중독에 이르게 된 경로는 새로운 미스터리로 남게 됐다.

이제 10번째 교향곡 이야기로 넘어가 보자. 우리가 알고 있는 것처럼 베토벤은 9번 〈합창〉을 마지막으로 9개의 교향곡만 남긴 게 아니라는 주장이 제기되었다. 유명한 작가 로만 롤랑이《베토벤의 일생》에서 인용한 베토벤이 쓴 편지의 일부분이 그 근거로 거론되었다.

빈 국립 오페라 극장
밀란 스카라 극장, 뉴욕 메트로폴리탄 오페라 극장과 더불어 '세계 3대 오페라 극장'으로 꼽힌다.

예술의 신은 아직 죽음이 나를 데려가기를 원치 않나 보네. 내가 너무 많은 빚을 지고 있기 때문이지. 천국으로 떠나기에 앞서 정령이 내게 보여 준 것들을 반드시 완성해 후대 사람들에게 남겨 주려고 하네. 이제 겨우 음표 몇 개를 쓰기 시작했을 뿐이지만.

사람들은 이 몇 개의 음표가 바로 10번째 교향곡의 도입부가 아닐까 생각하고 있다.

그는 죽기 며칠 전, 작품을 의뢰한 필하모닉소사이어티에 '책

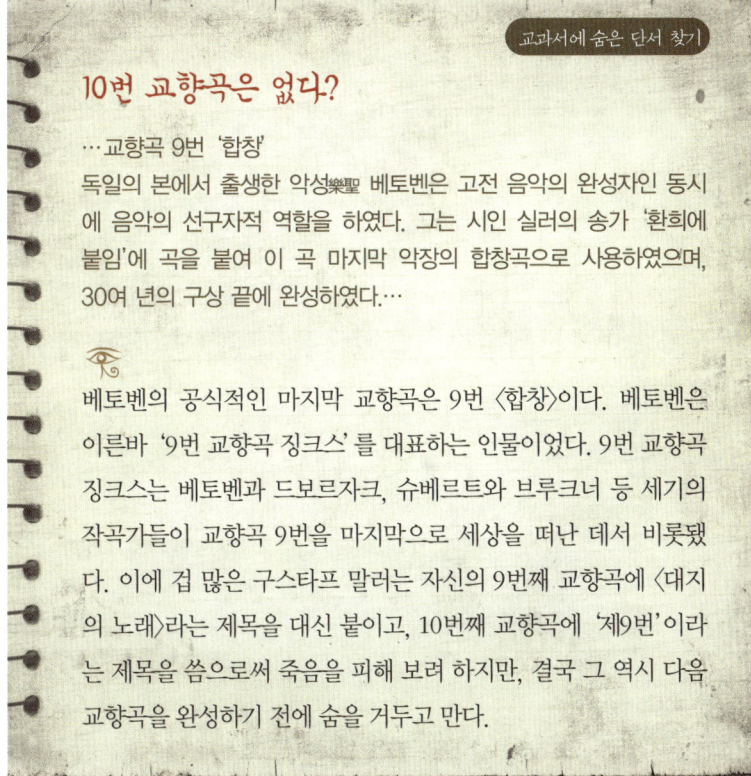

교과서에 숨은 단서 찾기

10번 교향곡은 없다?

…교향곡 9번 '합창'
독일의 본에서 출생한 악성樂聖 베토벤은 고전 음악의 완성자인 동시에 음악의 선구자적 역할을 하였다. 그는 시인 실러의 송가 '환희에 붙임'에 곡을 붙여 이 곡 마지막 악장의 합창곡으로 사용하였으며, 30여 년의 구상 끝에 완성하였다.…

베토벤의 공식적인 마지막 교향곡은 9번 〈합창〉이다. 베토벤은 이른바 '9번 교향곡 징크스'를 대표하는 인물이었다. 9번 교향곡 징크스는 베토벤과 드보르자크, 슈베르트와 브루크너 등 세기의 작곡가들이 교향곡 9번을 마지막으로 세상을 떠난 데서 비롯됐다. 이에 겁 많은 구스타프 말러는 자신의 9번째 교향곡에 〈대지의 노래〉라는 제목을 대신 붙이고, 10번째 교향곡에 '제9번'이라는 제목을 씀으로써 죽음을 피해 보려 하지만, 결국 그 역시 다음 교향곡을 완성하기 전에 숨을 거두고 만다.

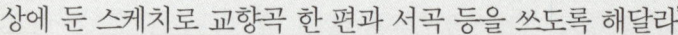

상에 둔 스케치로 교향곡 한 편과 서곡 등을 쓰도록 해달라'
는 편지를 썼다. 그의 조수 신들러와 친구인 카를 홀츠
역시 베토벤이 '10번 교향곡'의 스케치를 남겼다고 증
언한 바 있으며, 특히 카를 홀츠는 베토벤의 연주를
직접 들은 것으로 알려져 있다.

하지만 원본이 사라졌다는 사실이 논란의 여지
를 낳았다. 1983년, 음악연구가 베리 쿠퍼는 베를
린의 한 도서관에서 미완성인 베토벤의 악보를 발
견, 5년간의 재구성 끝에 '10번 교향곡'의 1악장을
발표한다. 하지만 학자들은 이 작품이 베토벤의 초고
로 인정될 만큼 완성도를 갖추지 못했다는 이유를 들어
'10번 교향곡' 자체를 인정하지 않고 있다.

베토벤의 초상화

마지막으로 베토벤의 '불멸의 연인'은 누구일까? 베토벤이 죽
은 뒤, 그의 책상 서랍에서 아직 부치지 못한 세 통의 연애편지
가 나왔다. 수취인을 밝히지 않은 그 편지는 '불멸의 연인에게'
라는 첫 구절로 시작해 그의 음악처럼 격정에 넘치는 뜨거운 고
백으로 채워져 있었다.

사실 베토벤은 천부적인 음악적 재능과 기질 덕분에 가는 곳
마다 여성들의 마음을 얻었고, 평생 낭만적인 연애를 즐겼다. 하
지만 덕분에 '불멸의 연인'이 누구이고, 편지를 부치지 못한 이
유에 대한 의문은 미궁에 빠지고 말았다.

베토벤의 측근이나 연구가들의 추측도 저마다 다르다. 줄리에

타 귀치아르디, 테레제 브룬스비크, 안토니오 브렌타노 등 수많은 여인들이 거론됐지만, 사실 진실을 아는 이는 편지를 쓴 베토벤 자신뿐이다.

위대한 음악가가 남긴 불멸의 음악, 그리고 수수께끼로 남은 '불멸의 연인'과 마지막 스케치……. 그는 죽기 직전 자신이 남긴 음악적 유산으로 행복했을까, 이루지 못한 사랑으로 번민했을까?

교향곡 9번 〈합창〉의 악보와 베토벤의 보청기

베토벤의 머리카락이 밝힌 진실

베토벤은 수년 간에 걸쳐 청각장애를 비롯해 만성 소화 장애, 위장병 등 각종 병마에 시달려 왔다. 그는 자신의 병을 '불치의 병'으로 단정했다. 그래서 그의 유서에는 근본적인 병명을 알 수 없는 그의 절망감이 잘 드러나 있다. 후세 사람들은 베토벤의 귀가 멀었다는 사실을 근거로 그의 사인을 매독으로 결론지었다.

그로부터 200여 년 후, 자신의 병명을 알고 싶었던 베토벤의 간절한 소망과 매독에 걸렸다는 오해를 한번에 씻어 준 것은 다름 아닌 그의 머리카락과 현대과학이었다. 그런데 이들은 어떻게 베토벤의 머리카락을 손에 넣을 수 있었을까?

1827년 봄, 15세 소년 힐러는 베토벤의 친구인 스승과 함께 위대한 음악가의 임종을 지킬 수 있었다. 사랑하는 이가 죽으면 고인의 머리카락을 간직하는 풍습에 따라 힐러는 존경하는 베토벤의 머리카락을 60여 년간 소중히 간직했고, 서른 번째 생일을 맞은 아들에게 그것을 선물한다.

이후 또다시 기나긴 여행을 하게 된 이 머리카락은 1994년 런던 소더비 경매에 등장하면서 마침내 제 할일을 찾게 된다. 7,300달러에 이를 매입한 두 사람이 자신의 병명을 규명하길 바랐던 베토벤의 뜻대로 건강연구소에 분석을 의뢰, 그의 사인이 납 중독임을 밝혀낸 것이다. 이 과정에서 당시 매독 치료에 흔히 사용되던 수은은 거의 검출되지 않았다. 약 4년간 머리카락 8가닥의 화학성분 분석과 최첨단 X선 정밀촬영을 거친 결과였다.

독신을 선택한 슈베르트

1797년 1월 31일 오스트리아 빈 근교의 리헨텐탈에서 태어난 슈베르트는 초등학교 교장이었던 부친 덕분에 어려서부터 피아노와 바이올린을 배울 수 있었다. 11세에 빈 궁정예배당에 들어가 합창단의 소프라노 단원으로 활약했지만, 16세에 찾아온 변성기로 인해 그곳을 떠나 아버지의 학교에서 음악교사로 수업을 맡았다. 이 무렵 〈미사곡 F장조〉, 〈마왕〉, 〈들장미〉 등 수많은 명곡이 탄생한다.

슈베르트 (1797~1828년)

교사직을 그만둔 이후 경제적 기반을 잃어버린 슈베르트는 뛰어난 재능에도 불구하고 친구 집을 전전하며 가난한 생활을 해야 했다. 이후 1,000여 편이 넘는 작품을 작곡한 그는 1828년, 겨우 31세의 나이로 세상을 마감한다.

600여 곡이 넘는 가곡을 남겨 '가곡의 왕'으로 불리게 된 슈베르트의 짧은 생애를 사람들은 몹시 안타까워했다. 이들은 슈베르트가 가난한 생활로 인해 건강을 해친데다 실패한 사랑 끝에 찾아온 절망감으로 살아갈 이유를 상실했다고 보았다.

슈베르트는 17세 되던 해 첫사랑 테레제를 만난다. 그녀는 당시 슈베르트가 완성한 〈미사곡 F장조〉의 초연에서 우연찮게 소프라노 독창을 맡은 이웃의 소녀였다. 그녀와 사랑에 빠진 슈베르트는 그로부터 영감을 얻어 수많은 작품을 작곡한다.

하지만 두 사람의 사랑은 테레제 아버지의 격렬한 반대에 부딪히고, 음악을 통해 실력을 인정받고자 했던 슈베르트의 노력마저 세상으로부터 외면당하면서 테레제는 결국 다른 사람의 아내가 되고 만다. 사랑을 통해 마르지 않는 창작의 영감을 얻었던 슈베르트였지만, 열매 맺지 못한 사랑은 그를 도리어 우울과 절망 속으로 내몬다.

이후 친구들을 찾아 여기저기 거처를 옮기는 생활 끝에 병을 얻은 그는 결국 혼자인 몸으로 겨우 서른 남짓한 나이에 세상을 등지게 된다. 하지만 슈베르트가 가진 재능이라면 첫사랑의 상처를 딛고 새 삶을 영위할 수 있지 않았을까? 어째서 그는 죽는 그 날까지 또 다른 인연을 만나지 못했을까?

사람들은 슈베르트가 연애도 결혼도 못한 까닭을 평생 그를 따라다닌 가난 탓으로 여긴다. 그가 살던 시대에는 연주를 하지 않는 작곡가는 대부분 생계가 어려웠다. 슈베르트도 마찬가지였다. 그의 작품은 오늘날 아이들 책의 원고료보다도 적은 값을 받았다. 심지어 유명한 〈자장가〉를 작곡한 대가는 고작 감자를 곁들인 음식 한 접시가 전부였다.

훗날 〈자장가〉는 4만 마르크에 거래되면서 뒤늦게 진가가 확인된다. 또 그의 자필 악보는 오늘날 경매에서 100배가 넘는 가격에 팔리고 있다. 그러나 생전의 슈베

슈트라우스는 1년에 한 번 있는 함부르크 왕실 무도회에서 연주를 지휘했다. 그러나 슈베르트의 음악은 궁정의 냉대를 받아 한 번도 이곳에서 연주되지 못했다.

오스트리아 비엔나의 쇤부른 궁전은 함부르크 왕실의 행궁이었다.

르트는 몹시 가난했다. 어떤 집안도 그에게 딸을 주고 싶어하지 않았다. 그에겐 결혼을 꿈꿀 여유조차 없었던 것이다.

슈베르트가 결혼하지 않은 이유로 가장 설득력 있는 설명은 음악에 대한 그의 열정 때문이라는 것이다. 아버지의 학교에서 음악교사로서 일하던 슈베르트는 다른 생계 수단이 없는데도 3년 만에 학교를 그만둔다. 슈베르트는 밤마다 괴테 같은 시인의 시를 읽고 그 감동을 음악으로 옮기고 싶은 충동에 휩싸이다가 아침이면 학교로 가 아이들을 가르치기 위해 마음을 다잡는다는 것은 참으로 힘든 일이었다고 말한다. 결국 이 때문에 첫사랑인 테레제와의 결혼도 포기해야 했고 친구 집을 전전하면서 가난한 생활을 계속해야 했지만, 그는 그 모든 것을 감수할 만큼 음악에 열정을 다했다.

작곡가에게 꼭 필요했던 피아노 한 대 살 돈이 없었던 슈베르트는 기타로 작곡을 했다고 한다. 그러면서도 유쾌하고 천진난만한 성격을 유지했던 그는 늘 친구들에게 둘러싸여 살았다. 어쩌다가 생기는 수입도 그동안 신세진 친구들에게 보답하는 데다 써 버렸다.

게다가 음악가로서 명성을 얻는 일에도 관심이 없었다. 그저 주위 사람들에게 자신이 작곡한 곡을 연주해 주는 것을 낙으로

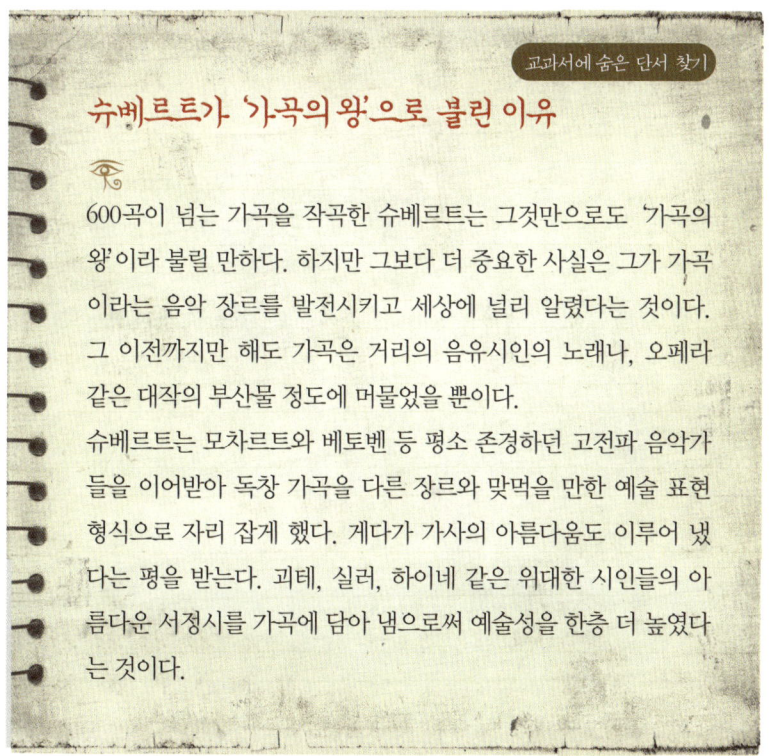

교과서에 숨은 단서 찾기

슈베르트가 '가곡의 왕'으로 불린 이유

600곡이 넘는 가곡을 작곡한 슈베르트는 그것만으로도 '가곡의 왕'이라 불릴 만하다. 하지만 그보다 더 중요한 사실은 그가 가곡이라는 음악 장르를 발전시키고 세상에 널리 알렸다는 것이다. 그 이전까지만 해도 가곡은 거리의 음유시인의 노래나, 오페라 같은 대작의 부산물 정도에 머물렀을 뿐이다.

슈베르트는 모차르트와 베토벤 등 평소 존경하던 고전파 음악가들을 이어받아 독창 가곡을 다른 장르와 맞먹을 만한 예술 표현 형식으로 자리 잡게 했다. 게다가 가사의 아름다움도 이루어 냈다는 평을 받는다. 괴테, 실러, 하이네 같은 위대한 시인들의 아름다운 서정시를 가곡에 담아 냄으로써 예술성을 한층 더 높였다는 것이다.

삼았을 따름이다. 때문에 그의 작품은 그가 살았던 시기에는 세상에 알려지지 않았지만, 그는 아랑곳하지 않았다. 이처럼 오로지 음악만을 향한 그의 열정이 그가 평생 독신이었던 이유라는 것이다.

슈베르트를 연구하는 사람들은 그가 결혼하지 않은 가장 큰 이유가 베토벤의 영향을 받아 독신주의를 결심했기 때문이라고 말한다. 슈베르트는 일생 동안 베토벤을 숭배했다. 그의 마음속에서 베토벤은 신과도 같은 존재였다. 두 사람이 서로 대면한 적이 있는지에 대해서는 전기 작가들마다 다른 견해를 내놓고 있지만, 베토벤 역시 슈베르트의 음악을 칭찬한 바 있었고, 슈베르트가 베토벤의 장례식 행렬에 함께한 것은 사실이다.

슈베르트의 유일한 유언은 베토벤과 함께 묻어 달라는 것이었다. 그의 유해는 벨링크 묘지에 있는 베토벤의 무덤 가까이에 묻혔고, 1888년 빈으로 두 무덤이 함께 옮겨지면서 마침내 소원이 실현됐다. 이와 더불어 평생을 결혼하지 않은 베토벤을 숭배한 나머지 슈베르트 역시 여성에 대한 관심과 열정을 음악으로 돌린 것이 아닐까 하는 추측 또한 설득력을 얻게 됐다.

슈베르트가 평생 결혼하지 않은 이유에 대해서는 결론을 내리기가 쉽지 않다. 다만 그의 외로운 일생을 짐작해 봄으로써 한 천재의 불행을 탄식하고 그의 위대한 음악 세계를 다시금 기념해 본다.

제3장

철학

소크라테스의 죽음

기원전 399년, 소크라테스는 감옥에서 태연자약하게 담소를 나눈 뒤 독배를 받아 마시고 죽었다. 이미 70세를 넘긴 나이였지만 그처럼 죽음을 맞기란 쉽지 않은 일이다. 게다가 자유와 민주를 표방하던 아테네에서 이런 일이 벌어졌다는 것은 얼핏 보기에 납득하기가 어렵다. 왜냐하면 당시 사람들의 사상은 매우 자유로웠고, 소크라테스는 그저 철학적인 토론을 일생의 유일한 낙으로 삼았을 뿐 정치적 야심이 전혀 없는 인물이었기 때문이다. 그는 도대체 어떤 법을 어겼기에 이렇듯 안타까운 최후를 맞이하게 된 것일까?

당시 소크라테스는 신을 공경하지 않고 청년들에게 해악을 끼쳤다는 죄명으로 재판을 받았다. 아테네의 법률에 따르면 모든 시민은 아테네에 해를 가하는 개인에게 소송을 걸 수 있는 권리를 갖고 있었다. 3명의 아테네 시민이 이 같은 죄명으로 소크라테스를 고발하자, 501명의 시민으로 구성된 배심원단이 즉석에서 구성되어 결국 281표의 찬성과 220표의 반대로 유죄 판결이 내려졌다.

그러나 후세 학자들은 물론 당시의 학자들까지도 소크라테스의 죄명은 극형을 선고받을 만한 것이 아니라는 입장을 보이고 있다. 보다 근본적인 이유가 숨어 있었음이 분명하다. 그러나 그것이 무엇이었는지에 대해서는 아직도 의견이 분분하다.

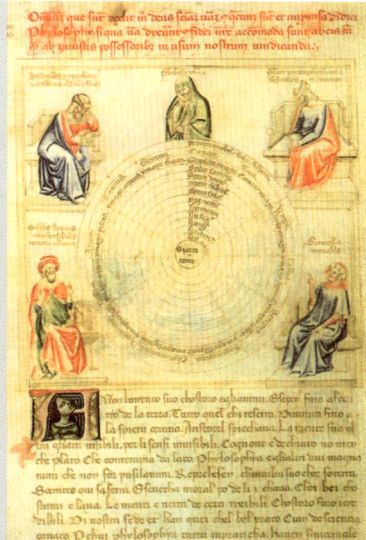

플라톤 등 소크라테스를 추종하던 사람들은 소크라테스가 동료들과의 토론에서 아테네 유명 인사들의 오점을 사정없이 들춰냈기 때문에 많은 사람들의 원망을 사 결국 무고한 죄명을 뒤집어쓴 것이라고 주장했다.

소크라테스의 죽음을 정치성 보복이라고 보는 견해도 있다. 당시 아테네의 민주정치는 이미 쇠퇴의 길로 접어들고 있었다. 기원전 411년, 시실리 원정의 실패로 아테네 민주제가 처음으로 전복당하고 400명으로 구성된 과두정부가 들어섰다. 얼마 안 있어 이 과두정부는 다시 무너졌지만, 민주정치는 이미 심각한 도전을 받고 있었다.

기원전 404년, 30년 가까이 계속된 펠로폰네소스 전쟁(기원전 431~기원전 404년)에서 아테네는 결국 스파르타에게 패배한다. 그 결과 스파르타의 압력으로 30명으로 구성된 과두정부가 다시 정권을 잡게 되자 아테네의 민주정치는 또다시 전복당하고 만다.

두 차례에 걸친 민주정치의 전복은 아테네 시민들에게 큰 충격을 가져왔다. 아테네 시민들은 귀족들의 지위가 계속해서 유지되는 것에 반대했는데, 그들 대부분은 소크라테스의 학생이었다(스파르타가 내세운 30명을 대표하는 크리티아스는 일찍이 소크라테스와 가장 친밀했던 학생 중 하나였다).

사실상 소크라테스의 사상은 근본적으로 아테네 민주정치에 위배되는 것이었다. 소크라테스는 하나의 사회를 통치하는 사람은 적어서도 안 되고 많아서도 안 되며 다만 '지혜와 식견이 있는 사람'이어야 한다고 생각했다. 이런 입장을 기본으로 그는 당시의 모든 정치제도에 동의하지 않았다. 여기에는 물론 아테네의 민주제도 포함되었다.

아테네에서는 언론의 자유가 있었기에 소크라테스의 생각은 용납될 수 있었다. 그러나 기원전 4세기 말에 이르러 아테네의

〈아테네 학당〉(라파엘로, 1509~1510년)
이 웅장한 벽화는 생존 시기가 서로 다른 고대 그리스의 유명한 사상가들을 한 자리에 모아 묘사하고 있다. 그림 왼쪽 상단 중앙에서 사람들에게 둘러싸여 무언가를 설파하고 있는 사람이 소크라테스다. 그의 정면에는 갑옷을 입은 알렉산드로스 대왕의 모습도 보인다

민주제가 점차 흔들리기 시작하자 민주파는 사상적으로 소크라
테스와 균형을 이루지 못하게 될 것을 두려워했고, 결국 그의 육
신을 소멸시키는 잔혹한 방식을 취할 수밖에 없었다. 결국 소크
라테스는 비극의 희생양이 되고 말았다. 그러나 이 역시 후대 사
람들의 추측 중 하나일 뿐이다.

　사실 소크라테스는 마음만 먹으면 사형을 피할 수 있었다. 아
테네 법정의 재판 순서는 다음과 같다. 원고와 피고가 각자 자신
의 주장을 진술한 후, 배심원단이 투표로 피고의 유죄 여부를 결
정한다. 만약 유죄로 판결나면, 피고와 원고가 각각 처벌 방식을
제안한다. 그 후 배심원단이 두 가지를 절충하여 비교적 합리적
이라고 생각되는 처벌을 제시한다.
　소크라테스가 유죄 판결을 받자 제자들은 그에게 스스로 무거
운 형벌을 자청해 배심원단의 동정을 구할 것을 권한다. 그러나

소크라테스와 관련 있는 이 벽화는 서기 1세기 로마의 한 시골에서 그려졌다. 소크라테스는 이미 로마 제국 지식계의 문화 영웅이 되어 있었다.

소크라테스는 마치 장난처럼 법정에 나아가 정부는 자신을 사회에 이로운 이로 공양해야 하며 무료로 음식을 제공해야 한다고 제안한다.

또 판결이 내려진 후에는 제자들이 소크라테스가 도주할 수 있게 하지만, 그는 또다시 이를 거절하고 웃으며 죽음을 선택했다. 무슨 이유에서일까?

일부 사료에 의하면 크리티아스의 통치기간 중에도 소크라테스는 스스로의 위엄을 지켰다. 그는 불법적인 명령에 복종하기를 거부했다. 레온이라는 돈 많은 시민이 폭정을 피해 고향으로 달아났을 때, 크리티아스는 소크라테스에게 사람 넷을 데리고 가 그를 잡아오라 시키지만, 소크라테스는 옷소매를 뿌리치고 자리를 떠났다. 크리티아스가 광적으로 사람들을 죽일 때에도 소크라테스는 젊은이들에게 이렇게 말했다.

"소몰이꾼이 하나 있다. 가축들을 굶주리고 목마르게 하면서도 사람들이 자신을 나쁜 소몰이꾼이라 말하는 것은 용납하지 않으니 이상한 일이다. 정치가가 시민들을 타락하게 하고 인구가 줄게 하고도 이를 부끄럽게 여기기는커녕 자신이 나쁜 정치가인 줄도 모르니 더욱 이상한 일이다."

이 이야기만 봐도 '청년들을 망친다'는 죄명은 소크라테스에게 적합하지 않다는 것을 알 수 있다.

소크라테스가 왜 사형까지 당해야 했는지는 아직도 정확히 알 수 없다. 그러나 우리는 그가 위대한 철학가이며 진리와 이상,

사상을 위해 기꺼이 헌신했다는 사실을 안다. 그는 독배를 들기에 앞서 제자들에게 눈물을 흘리지 말 것을 당부했다. 그리고 마지막 유언을 크리톤이라는 제자에게 남겼다.

"의술의 신, 아스클레피오스에게 닭 한 마리를 빚졌네. 잊지 말고 제물을 바쳐 주게."

CHAPTER 02

파시스트로 오해받은 니체

프리드리히 빌헬름 니체
(1844~1900년)

서양 사상사에서 아마도 가장 많은 논쟁을 불러일으킨 인물은 니체일 것이다. 중국에서는 한동안 니체의 저서가 출판되지 않았고 그의 이름을 거론하는 것조차 금기시한 적도 있었다. 그가 파시스트의 오명을 뒤집어썼기 때문이다. 하지만 이후 니체는 점차 새로운 평가를 받기 시작했고 심지어는 '니체 열풍'이 불기도 했다.

사실 니체를 파시즘의 선구로 보는 주장은 별 근거가 없다. 히틀러의 《나의 투쟁》에는 니체가 한 번도 인용된 바 없다. 오히려 니체는 일생 동안 파시즘의 근간인 게르만 민족주의와 반유태주의에 상당한 반감을 갖고 있었다. 그렇다면 니체는 왜 나치나 파시스트로 오해받았던 것일까? 일부 학자들은 니체의 저작이 누군가에 의해 개작되었기 때문이라고 말한다.

니체의 저작을 조작한 이는 누구일까? 대부분의 사람들은 니체의 여동생 엘리자베트 푀르스터 니체를 지목한다. 가장 먼저 이 주장을 내놓은 사람은 독일의 니체 연구가 카를 슐레히타다. 그는 1958년에 출판한 저서에서 니체의 여동생이 그의 저작에 손을 댔다고 폭로했다. 그녀가 니체의 편지를 위조하고 니체의 사상을 왜곡시켰다는 것이었다.

잘 알려진 사실이지만 니체는 평생 결혼하지 않았다. 그가 일생 동안 가장 가까이 지낸 여성은 바로 여동생 엘리자베트였다. 그러나 엘리자베트는 극렬한 게르만 민족주의자였고 훗날 반유태주의자와 결혼한다. 결혼 후 남편을 따라 파라과이로 간 그녀는 새로운 게르마니아 이민촌을 세워 민족주의적 이상을 실현하고자 했다. 그러나 두 사람의 계획은 결국 실패로 끝났고, 남편은 자살을 택한다.

남편을 잃은 슬픔에서 벗어나기도 전에 오빠 니체가 정신발작을 일으켰다는 소식을 전해들은 엘리자베트는 1897년에 바이마르로 돌아와 생활력을 잃어버린 니체를 돌보기 시작한다. 이후 그녀는 니체의 원고를 수집·정리하는 일에 개입하는 것은 물론 니체가 세상을 떠난 후에는 그가 쓴 저작물들을 출간하는 데 있어 독점권을 취한다. 이 과정에서 그녀는 일부 저작물의 출간을 보류하고 일부는 개작하는 방법으로 그의 저작이 파시즘으로 기울도록 노력한다. 그 중에서도 가장 심하게 왜곡된 니체의 저서는 《권력에의 의지》이다.

니체는 만년에 '가치의 전도'라는 책을 기획했지만 미처 완성하지 못하고 토막 난 다량의 원고만을 남긴 채 세상을 떠나고 말

니체는 창조적인 예술가들에게 광범위한 영향을 미쳤다. 오스트리아의 화가 구스타브 클림트 또한 니체의 영향을 받은 예술가 중 한 명이다. 그의 작품 〈입맞춤〉은 감각 기관의 강렬한 욕망을 표현하고 있다.

〈가치 체계의 속박〉
니체는 가치 체계가 도덕이라는 이름으로 창조적인 이들을 속박하여 평범한 대중과 똑같아지게 만든다고 생각했다. 이 그림은 종교와 국가가 인간을 속박하고 탄압하는 모습을 보여 준다.

았다. 엘리자베트는 니체의 친구 페터 가스트와 함께 이 원고를 정리하여 《권력에의 의지—가치의 전도》라는 제목으로 출판했다. 그러고는 강한 게르만 민족주의 사상을 반영하고 있는 이 책을 니체의 가장 중요한 저작이자 대표작인 것처럼 공언했다.

1961년, 이탈리아 학자 마치노 몬티나리와 조르지오 콜리는 니체의 저작을 번역하기 위해 독일 바이마르로 온다. 괴테 하우스와 실러 기념관에서 니체의 모든 자필원고를 살펴본 그들은 엘리자베트가 니체의 원고를 상당부분 개작했다는 사실을 발견했다.

《권력에의 의지》의 원래 원고는 374개의 짧은 아포리즘(깊은 진리를 간결하게 표현한 말이나 글)으로 이루어져 있었다. 그러나 엘리자베트는 그 중 104개 항목을 삭제하고 270개만을 고른 다음, 다시 137개 항목을 수정하여 니체의 본래 의도를 완전히 왜곡시켜 놓았다. 원작의 진면목을 되찾기 위해 몬티나리와 콜리는 《비판전집》이라는 제목으로 니체의 저작을 새롭게 펴냈다. 또 슐레이타 역시 니체가 만년에 집필한 원고를 편집하여 《80년대 유고 선집》을 출간한다.

엘리자베트가 니체의 원고를 개작했을 뿐 아니라 이미 세상을 떠난 니체를 파시즘의 선봉에 끌어들이는 언행을 일삼았다는 주장도 있다. 당시 니체의 대변인이었던 그녀는 공개적으로 무솔리니를 찬양하는 한편, 히틀러가 니체 문서 보관소를 방문하자 반유태주의와 게르만 민족주의에 대한 발언을 서슴지 않았고, 강연 및 발표 등을 통해 무솔리니와 히틀러야말로 니체의 이상을 '실현'할 수 있는 지도자라고 주장했다. 그녀는 이런 발언에 힘입어 히틀러로부터 명예훈장을 받기도 했다. 사정이 이러다 보니 제2차 세계대전 후, 사람들이 니체와 파시즘을 하나로 묶어 생각하게 된 것은 무리가 아니었다.

그러나 일부에서는 니체 여동생의 원고 위조설을 낭설로 보기도 한다. 그들은 엘리자베트가 편집·출판한 책에 불확실한 부분이 있긴 하지만, 어쨌든 니체의 자필 원고를 바탕으로 했고,

니체와 바그너
1868년에 니체는 작곡가 바그너를 소개받아 쇼펜하우어에 대한 열렬한 숭배라는 공통점을 공유하며 절친한 친구가 되었다. 이후 바그너와 결별한 니체는 1888년 정신 착란을 일으키던 해에, 〈바그너의 경우〉 〈니체 대 바그너〉 등의 책을 저술했다. 이 그림은 바그너의 오페라 〈파르시팔〉을 위해 그린 것이다.

다량의 원고 가운데 일부를 편집하는 과정에서 취사선택은 불가 피했다고 여긴다. 게다가 슐레히타가 편집한 《80년대 유고 선집》은 엘리자베트가 출판한 책과 순서만 다를 뿐 내용은 완전히 일치한다.

니체는 간결한 격언과 같은 형태로 진리를 표현하는 아포리즘 식의 문체를 사용했기 때문에 앞뒤 문맥의 논리가 그다지 완벽 하지 않다. 따라서 단순히 순서를 바꾸는 것은 큰 문제가 되지 않는다고 볼 수도 있다.

니체의 사상 자체가 일부 애매한 측면을 가지고 있어서 누군 가의 개작을 거치지 않더라도 잘못 이해되거나 엉뚱하게 해석되 기 쉬운 것도 사실이다. 그러므로 니체의 여동생이 그의 원고를 개작했다는 주장에는 충분한 타당성이 없다고 보는 것이다.

니체의 저작은 과연 개작된 것일까? 이에 대해 아직까지 정설 은 없다. 그러나 한 가지 분명한 사실은 니체는 한동안이나마 사 람들에 의해 본래의 사상이 왜곡된 위대한 철학자라는 것이다.

제4장

문자와 저술

라틴 어는 어떻게 만들어졌을까?

서양 언어 중에는 각각의 글자가 하나의 의미를 지닌 한자와 달리 음소 단위의 음을 표기하는 자모문자가 있다. 로마자와 그리스 어가 대표적이다(한글도 자모 문자에 해당한다). 서양의 자모문자는 바로 라틴 자모표를 바탕에 두고 있다.

로마 문명이 만들어 낸 라틴 자모표는 세계 문명의 발전에 커다란 공헌을 했다. 자모표 발명에 힘입어 로마 인은 라틴 문화를 서적의 형태로 사회 각층에 신속히 보급할 수 있었고, 더불어 로마 국경 내에서 이루어지던 각 나라 사이의 교류와 융합도 가속화되었다.

더욱이 중요한 것은 라틴 어가 이탈리아 어, 스페인 어, 프랑스 어, 루마니아 어 같은 로망스 어의 기초가 되었을 뿐 아니라 영어, 독일어 등의 게르만 어에도 전승되었다는 사실이다. 또한 체코, 폴란드 등 슬라브 어에 속하는 동유럽 국가들도 라틴 어를 바탕으로 자신들만의 문자를 만들었다.

그렇다면 이처럼 중요한 라틴 자모표는 어떻게 만들어진 것일까? 이 물음에 답하기 위해서는 먼저 자모문자의 역사를 이해해야 한다.

알다시피 자모문자는 세계 최초의 문자는 아니다. 이집트의 상형문자, 중국의 갑골문자, 크레타의 선형문자, 서아시아의 쐐기문자, 인도의 인더스문자와 멕시코의 마야문자가 지금까지 공인된 최초의 여섯 문자다. 학계에서는 일반적으로 이 여섯 문자가 나타난 후에야 자모문자가 출현했다고 보고 있다.

고대 그리스와 로마 문헌의 기록에 따르면 자모문자를 창시한 주인공으로는 5개의 민족이 유력하다. 페니키아 인, 아시리아 인, 이집트 인, 크레타 인, 히브리 인이 바로 그들이다. 이들 민족은 대부분 아시아에 거주하였으므로, 학자들은 자모문자의 발생이 아시아 문화의 영향을 받았을 것이라 추측한다.

가장 먼저 자모문자를 만들어 사용한 민족은 일반적으로 페니키아 인으로 알려져 있다. 자모표의 출현은 대략 기원전 1400년 전후로 거슬러 올라가는데, 당시 시리아 해안의 오가리트 인이 만든 쐐기(설형)문자는 널리 사용되지 못했다. 기원전 12세기, 페니키아 인은 이집트의 상형문자를 참고하여 22개의 자모로 발음을 표시하는 문자를 만들어 낸다. 이것이 바로 가장 오래된 알파벳 체계이다. 지금 유럽 각 나라의 자모는 대개 이 페니키아 자

옥으로 만든 잔에 새겨진 상형문자

선형문자가 새겨진 점토판
현대 학자들에게 '선형문자'로 불리는 미노스 문자. 더 이른 시기의 수메르와 이집트처럼 크레타의 문자 역시 서기들이 화물을 기록하는 과정에서 발전하기 시작했다.

모에 기원을 두고 있다.

한편 고고학자들은 그리스 크레타 섬의 크노소스 언덕에 있는 한 무덤에서 기원전 900년경의 페니키아 문자를 발견한 바 있다. 고대 페니키아 인과 에게 해 지역에 살던 그리스 인들 간에 문화적인 교류가 있었음을 보여 주는 흔적이었다. 학자들은 대략 기원전 9세기 중엽에 그리스 상인들이 페니키아인들과의 교역을 통해 선형문자(선 형태로 나타내는 그림문자)를 배워 갔고, 이것에 기초해 24개로 이뤄진 그리스 어를 만든 것으로 추측한다.

이쯤에서 가장 중요한 문제는 그리스 어가 어떻게 라틴 어로 발전해 갔느냐는 것이다. 이 문제에 관해서는 수많은 논쟁이 있었지만, 여기서는 그 중 가장 대표적인 관점들만 몇 가지 소개할까 한다.

첫 번째 견해는 그리스 어가 초기에 동·서로 나뉜, 두 가지 계통으로 나아갔다는 것이다. 이는 당시 각 도시가 지역적으로 나눠져 있기 때문에 나타난 결과였다. 그 후 각 계통마다 서로 다른 변형이 이루어지면서 크고 작은 갈래들이 무수히 등장하게 되었다.

두 번째는 고대 그리스 어에는 실제로 매우 많은 종류가 있었지만 그 중 가장 많이 쓰였던 것은 키릴 문자와 에트루리아 어로, 라틴어는 에트루리아 어에서 비롯되었다는 의견이다. 키릴

문자는 후에 러시아 어, 우크라이나 어, 불가리아 어 등의 토대
가 되었고, 에트루리아 어는 라틴 어로 발전했다.

　당시 강성했던 로마는 먼저 에트루리아 인들에게서
21개의 자모를 빌려온 뒤, 다른 계통의 Y와 Z를 흡수했
다. 당시에는 J와 U가 없어 이 두 자모가 만들어진 중세
전까지는 중국 고대의 '가차假借(임시로 빌림)'자처럼 I와
Y로 이 두 글자를 대신했다. 이후 라틴어는 다시 로망스
어로부터 W를 가져와 마침내 26개 자모가 전부 갖춰지
게 되었다.

　또 다른 주장도 있다. 26개의 자모는 각각 매우 복잡
한 과정을 거쳐 생성되었으므로, 단순히 일반화하기보
다 각 글자의 구체적인 기원에 근거해 라틴 어의 형성을

기원전 5세기 그리스 고르틴 법전 비문의 문자

살펴보아야 한다는 것이다. 이러한 주장을 하는 사람들은 각 글자마다 신비로운 기원이 있으며, 자모표의 첫 번째 글자는 특히 신비로워서 그 기원을 알 방법이 거의 없다고 본다.

사실 형태만 가지고 살펴본다면 알파벳 A의 변천과정을 설명하기란 어렵지 않다. 최초의 A는 고대 이집트의 소머리 상형문자에서 시작되어 이후 페니키아 인들에 의해 V로 발전했으며, 그것을 그리스인들이 처음으로 A와 비슷한 형태의 기호로 쓰기 시작했다. 그러나 그것이 어떻게 구체적으로 전해져 라틴 문자로 정형화되었는지는 아직 불확실하다.

모든 자모의 형성 과정은 인류의 문명을 압축해 보여 준다. 그러므로 자모의 기원을 탐색하는 일은 인류 문명의 기원을 탐구하고 인류의 정신사를 발견해 나가는 과정과 다름없다.

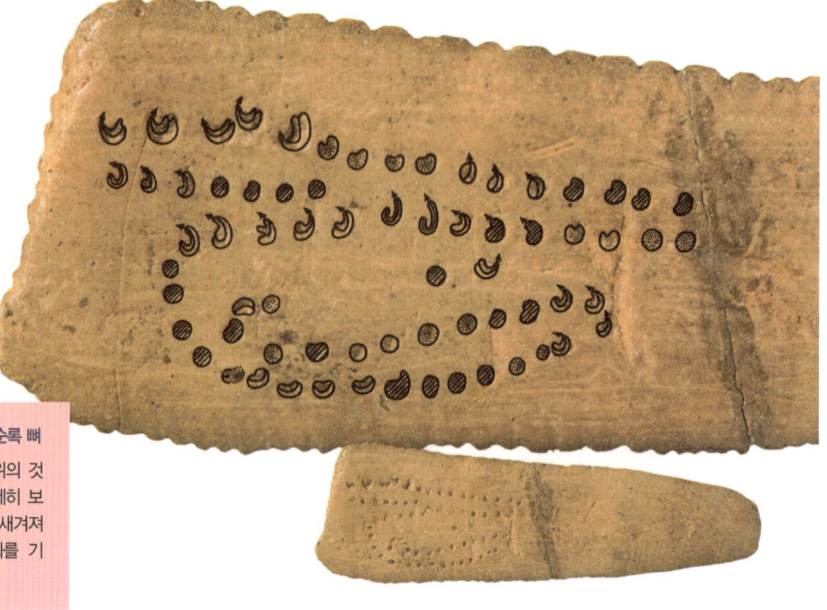

그림문자가 새겨진 프랑스의 순록 뼈
아래 것이 원래 크기이고, 위의 것은 이를 확대한 것이다. 자세히 보면 69개의 도안이 줄지어 새겨져 있는데, 달의 주기적인 변화를 기록한 듯 보인다.

성서에 숨은 암호, 바이블코드

1950년대 체코의 수도 프라하에서 바이스만델Weissmandel이라는 랍비가 성경에서 암호를 발견했다. 구약의 모세 5경, 즉 창세기, 출애굽기, 레위기, 민수기, 신명기에서 알파벳을 50자씩 건너뛰어 읽으면 토라Torah라는 중요한 단어가 된다는 사실을 발견한 것이다. 이것은 '모세 5경'을 가리키는 말로 기독교에서는 매우 중요한 의미를 지닌 단어이다.

성경 속 단어들을 수학적인 방법으로 재조합해서 읽은 암호는 이뿐이 아니었다. 바이스만델이 발견한 암호는 제자들을 비롯한 극히 일부에게만 공개되었지만, 1977년 데이비드 드로스닌이 《바이블코드》라는 책을 출간하면서 성경 속 암호는 세상의 주목을 받게 된다. 이 속에는 인류의 역사에서 발생한 중대한 사건이나 현상들과 관련된 단어들이 등장했다.

성경 단어들에서 암호를 찾는 데 결정적인 역할을 한 것은 컴퓨터였는데, 엄청난 양의 단어를 수학적으로 재조합하기 위해서는 꼭 필요했던 것이다. 컴퓨터를 이용해 이러한 작업을 한 사람

은 이스라엘의 수학자 엘리야후 립스와 물리학자 도론 비츠툼Doron Witztum이었다. 이들의 작업으로 밝혀진 것은 성경 시대부터 현대에 이르는 동안 역사에서 출현한 32명의 중요한 인물들의 이름과 생몰연대가 모두 창세기 안에 담겨 있다는 것이었다. 그러나 모세 5경을 제외한 다른 곳에서는 이 같은 현상이 발견되지 않았다.

립스와 비츠툼이 연구 대상으로 한 성서는 헤브라이 어 원문 (사해문서)으로 된 것이었다. 그들이 사용한 방법은 컴퓨터를 이용해 성경 원문의 띄어쓰기를 모두 없애고 30만 4,805개의 글자에서 동일한 간격으로 떨어져 있는 글자들을 뽑아내 새로운 단어로 조합하거나, 5경의 글자를 모두 64개 줄로 나누어 배열한 다음 상하좌우 직선과 사선으로 알파벳을 조합시켜 어떤 이름이

사해문서를 감추어 놓은 항아리
구약성경 예레미야서에 따르면, 사해문서가 항아리 안에 보관되어 있었다고 한다. 이 항아리는 높이가 20~60cm로 각기 다른데, 신전 부분의 두루마리는 길이가 8m에 달해 두루마리 가운데 가장 길었다.

나 의미 있는 단어를 만들어 내는 것이었다.

예를 들면 'Rips ExplAineD thaT eacH codE is a Case Of adDing Every fourth or twelfth or fiftieth to form a word' 에서 세 글자씩 간격을 두고 떨어져 있는 글자들을 추려내면 'READ THE CODE' 라는 말이 된다.

이렇게 키워드를 찾아낸 다음에는 그에 관련된 정보들을 찾았다. 예를 들어 '히틀러' 라는 단어를 찾아낸 후 그 주변에서 나쁜 사람, 나치와 적, 학살 등과 같은 단어들을 찾을 수 있었고, '케네디 대통령' 이라는 단어 주변에서는 암살, 댈러스 등의 단어가 발

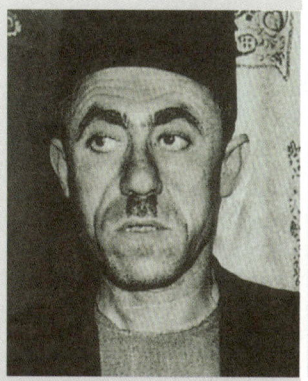

이스라엘 박물관의 직원이 집게를 이용해 양가죽으로 된 사해문서 두루마리에서 떨어져 나온 조각들을 맞추고 있다. 이 작업에 참여한 한 고고학자에 따르면 "어떤 부분은 글자 또는 단어 전체가 떨어져 나가 앞장의 뒷면에 반대방향으로 붙어 있기도 했다."

견되었다. 댈러스는 케네디 대통령이 암살당한 곳이다.

이런 방식으로 립스와 비츠툼은 옴진리교-재앙-독가스, 베토벤-요한 바흐-독일 작곡가, 모차르트-음악-작곡가, 피카소-예술가, 라이트 형제-비행기, 에디슨-전기, 아인슈타인-과학-현실을 전복시킨 인물 등의 관련 단어를 찾아냈다.

바이블코드는 그 자체보다 그것을 어떻게 해석할 것인가가 더 큰 논란을 불러왔다. 수많은 수학자들이 이에 관심을 보이며 그들 가운데 많은 이가 적어도 바이스만델이 찾은 것이나 드로스닌이 소개한 바이블코드가 사실임을 확인했다. 그리고 이것이 황당무계한 궤변만은 아님을 인정했다.

일부에서는 의심의 눈초리로 바라보기는 하지만 그들 역시 이렇다 할 반박의 증거를 찾아내지 못했고, 미국 CIA도 암호 해독 전문가를 초빙해 조사했지만 성경 암호의 비밀을 풀어 내지는 못했다.

하지만 바이블코드의 예언적 성격을 회의적으로 바라보는 사람들도 많다. 이런 조합은 어느 책에서든 찾아낼 수 있으며 그렇게 찾아낸 단편적인 단어들에 의미를 두어 해석하는 것은 옳지 않다는 것이다.

물론 이 말에도 일리가 있다. 하지만 이런 단어들의 조합이 무척이나 구체적이고 그 수가 많다는 사실은 바이블코드에 의미를 두는 사람들의 주장에 힘을 실어 주었다. 미국 대통령 존 케네디를 비롯해 이스라엘 수상 이츠하크 라빈, 이집트 대통령 안와르

사다트의 암살이 예언되어 있었고, 세계 2차 대전의 발발과 나치의 600만 유대인 학살도 이미 예고되어 있었다는 것이다. 또 아폴로 11호의 달 착륙이나 1993년 목성에 부딪친 혜성 등과 같은 일도 예언되어 있다고 한다.

더욱 불가사의한 것은 십계 석판이 컴퓨터로 만든 것임을 암시하는 내용이다. "그 판은 하나님이 손수 만드신 것이며, 그 글자는 하나님이 손수 판에 새기신 글자이다" 《표준 새 번역 성서》출애굽기 32장 16절) 속에 "컴퓨터로 만든 것"이라는 내용이 암호화되어 있다고 한다.

게다가 아직 다가오지 않은 미래에 대한 예언도 담고 있다. 예컨대 2010년 로스앤젤레스에서 큰 지진이 일어날 것이라는 구체적인 내용이 있는가 하면, 이스라엘과 일본, 세계 종말 전쟁, 재앙의 해 같은 단어가 긴밀한 연관을 가지고 있으며, 이스라엘의 성지 예루살렘, 즉 다윗왕의 통치와 예수의 사망과 무함마드의 승천이 이루

모세가 석판에 새겨진 율법을 받는 모습이 묘사된 벽화

어졌다는 전설을 가진 이 도시에서 종교적 원한으로 인한 세계 멸망의 전쟁이 일어날 것이라고 예언하고 있다. 또 현재 인류에게 가장 위협이 되는 것은 '핵전쟁'과 급진주의자들이 '성전'을 위해 테러와 전쟁을 서슴지 않는 것이라고 지적하고 있다.

바이블코드가 예언하는 것이 모두 현실이 된다고는 단언할 수 없다. 하지만 무시하기도 쉽지 않다. 지금까지 정확하게 맞아떨어진 예언들이 이를 뒷받침하고 있고, 요한계시록 5장 1~5절과 다니엘서 12장 1~4절에도 '봉射해진 책'을 펼치는 순간 커다란 공포의 비밀이 완전히 풀릴 것이라고 예언되어 있기

용감한 유대인들이 마사다의 험준한 지형을 이용해 장장 다섯 달이 넘도록 로마대군을 막아냈다. 마사다가 함락되기 전, 유대인들은 자신들의 보물과 성경을 깊이 감춘 후 모두 스스로 목숨을 끊었고, 그 보물들과 성경도 자취를 감추었다.

때문이다. 일부에서는 바이블코드가 봉해진 책, 즉 '비밀의 책'일 것으로 추측하고 있다.

이런 생각을 가진 사람들 가운데 대표적인 인물은 뉴턴이었다. 그는 성서 속에 인류의 역사에 대한 예언이 숨어 있다고 믿고 그 암호를 찾으려 했다고 한다. 하지만 암호는 끝내 찾지 못했는데, 이에 대해《바이블코드》의 저자 데이비드 드로스닌은 성서 속의 암호가 '시간 자물쇠'로 채워져 있기 때문에 이것을 풀기 위해서는 컴퓨터가 발명될 때까지 기다려야 했다고 적고 있다.

세계에서 가장 많은 신자를 가진 크리스트교의 성서 자체가 갖는 상징적인 의미는 바이블코드에 대한 일부 사람들의 맹목적인 믿음을 불러 왔다. 하지만 성서 그대로를 어떻게 읽고 해석할 것인가를 두고도 많은 논란이 있다. 이런 상황에 글자들의 재조합으로 찾아낸 단어들에 의미를 두거나 성서의 권위를 빌려와 이를 합리화한다는 것은 상당히 위험한 일이다.

그런데도 많은 사람들이 바이블코드로 나온 예언이 앞으로 어떻게 진행될지 관심을 갖고 있다. 이것이 인류에게 보내는 경고일 것이라는 주장도 제기되었다. 세계 종말의 날, 핵전쟁 같은 상황이 일어나지 않도록 각성하라는 뜻을 담고 있다고 말이다. 바이블코드는 다시 한 번 우리 스스로를 돌아보게 한다.

CHAPTER 03

마르코 폴로는
정말 중국에 갔을까?

1982년 4월 14일, 영국 《타임》지에 〈마르코 폴로가 정말 중국에 갔을까?〉라는 글이 실렸다. 이 글을 기고한 영국의 미술사학자 크레그 클루나스에 따르면 마르코 폴로는 중국에 가 본 적이 없는 사기꾼에 지나지 않는다는 것이다. 그 근거는 다음과 같다.

첫째, 마르코 폴로는 《동방견문록》에서 자신이 중국 원나라에 17년간이나 머물면서 쿠빌라이 칸의 총애를 받았다고 말하지만, 정작 중국의 역사에는 그를 언급한 자료가 전혀 남아 있지 않다.

둘째, 《동방견문록》에 기록된 상당수의 자료가 정확하지 않다는 점이다. 몽고족의 족보도 그런 예 가운데 하나다.

셋째, 《동방견문록》에 등장하는 중국 지명이 중국 현지 발음이 아닌 페르시아식 발음으로 기록되어 있다.

넷째, 중국의 가장 특색 있는 문화라 할 수 있는 차와 한자에 대해 아무런 언급이 없다. 당시 서양과 달리 중국에서는 상당히 보편화되어 있던 인쇄술에 대한 얘기 또한 빠져 있다.

마르코 폴로(1254~1324년) 조각상

마르코 폴로가 쿠빌라이 칸에게 로마 교황 그레고리 10세의 친서를 전하는 장면

따라서 크레그 클루나스는 마르코 폴로가 방문한 곳은 단지 중앙아시아의 이슬람 국가에 한정된다고 결론 내렸다. 중국에 관한 이야기는 그곳을 다녀온 페르시아 상인을 통해 전해 들었으며, 거기에 스스로 상상한 바를 보태 《동방견문록》을 만든 것으로 추측하였다. 그의 견해는 학계를 발칵 뒤집어 놓기에 충분했다.

세계 각국의 백과사전과 교과서에 실린 마르코 폴로와 《동방견문록》에 대한 내용은 대체로 다음과 같다.

이탈리아의 상인 마르코 폴로는 1271년 아버지와 숙부를 따라 베니스에서 출발하여 서아시아와 중앙아시아를 거쳐 3년 반 만에 마침내 원나라의 여름 궁전이 있는 상도上都에 도착, 쿠빌라이

칸을 알현했다.

그는 벼슬을 얻어 17년간 원나라에 머무르며 중국 전역을 여행했으나, 칸이 허락하지 않아 귀국을 미룰 수밖에 없었다. 훗날 일 한국汗國으로 시집을 가게 된 원나라 공주를 보필하여 원나라를 떠날 기회를 얻은 그는 1295년에야 베네치아로 돌아올 수 있었다.

그 후 전쟁에 말려들어 제노바 감옥에 갇혀 있는 동안 함께 투옥해 있던 이야기 작가 루스티첼로에게 동방에서 겪은 경험을 구술함으로써 《동방견문록》이 세상에 나오게 된다.

《동방견문록》은 단순한 여행기가 아니었다. 서아시아와 중앙아시아 그리고 중국 각 지방의 방위와 거리, 언어, 종교, 산물 등을 구체적으로 기록한 귀중한 문헌일 뿐 아니라, 유럽 인들은 상상하지 못했던 아시아를 보여 주는 생생한 보고였다.

예컨대 중국의 수도와 지방을 잇는 교통망과 시가지의 발달, 유럽에서는 아직 통용되고 있지 않던 지폐의 유통, 연료로 활용되는 석탄에 관한 이야기 등 유럽 인들에게는 놀라움 그 자체인 내용들로 가득했다. 그 중 석탄에 관한 묘사를 살펴보자.

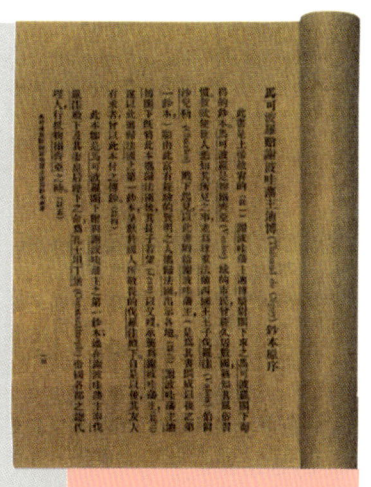

〈동방견문록〉(중국어판)
원본 대신 여러 필사본이 남아 있다.

성 도처에는 검은 돌이 있다. 이를 파내는 광산에는 지하로 뻗어 있는 광맥이 보인다. 불을 붙이면 목탄과 비슷하나 보다 센 화염이 타오르고, 날이 밝을 때까지 꺼지지 않는다. 이 돌은 먼저 작은 조각에 불을 붙이지 않는 이상 타지 않으며, 한번 발화하면 엄청난 화력을 낸다.

마르코 폴로는 중국에서는 한나라 때부터 사용하던 석탄을 서양에 처음으로 소개한 이였다. 하지만 서양인들을 매혹시킨 것은 석탄만이 아니었다. 심지어 보물을 찾기 위해 앞 다투어 중국으로 떠나는 이들도 있었다. 《동방견문록》은 출판된 지 100여 년이 지나서야 세인의 관심을 끌기 시작했지만 그 후로는 신대륙 발견의 도화선이 되어 서양과 동방이 만나는 계기가 된다.

《동방견문록》의 진실성에 대한 의문은 사실 그 전에도, 그 후

콜럼버스를 신대륙으로 이끈 《동방견문록》

…15세기 이후 유럽 인들은 지중해를 벗어나 동양으로 가는 항로를 찾기 시작했다. 포르투갈과 함께 그 선두에 선 에스파냐는 대서양을 건너 인도로 가는 서쪽 항로를 개척하고자 했고, 그 과정에서 콜럼버스는 당시 유럽 인들에게 잘 알려지지 않았던 신대륙을 발견하게 된다(1492년).…

콜럼버스는 네 차례에 걸쳐 서인도 제도를 탐험한 끝에 남아메리카 대륙을 발견한 장본인이다(그는 자신이 발견한 신대륙을 인도라고 믿었다). 동양에 대한 관심을 고조시키는 데 기여한 마르코 폴로의 《동방견문록》은 십자군 전쟁 이후 동방 무역의 부활, 새로운 무역로 확보의 필요성, 지구 구형설과 항해술 발달 등과 함께 신대륙의 발견을 가져오는 계기가 되었다. 특히 콜럼버스는 어린 시절 《동방견문록》을 읽고 동방에 대한 동경을 처음 품게 됐고, 신대륙 탐험을 떠나면서도 이 책을 손에서 놓지 않았던 것으로 전해진다.

에도 끊임없이 제기되어 왔다. 심지어 독일학자 슈만은 마르코 폴로 일가가 이탈리아 밖으로 나가 본 적조차 없다고 주장하기도 했다.

한편 임종을 앞둔 마르코 폴로에게 누군가 문제의 소지가 있는 내용을 삭제하라고 권하자 그는 이렇게 대답했다고 한다.

"나는 아무것도 과장하지 않았네. 자네들에게 말해 준 것들은 내가 본 것의 절반도 되지 않는다네."

도대체 어느 쪽의 주장이 진실일까? 마르코 폴로는 정말로 중국에 갔던 것일까?

《동방견문록》을 바라보는 학자들의 견해는 좀 더 복잡하다. 우선 마르코 폴로가 북경 외에는 가 본 적이 없으며 나머지는 들은 이야기에 불과하다는 주장, 북경이 아닌 중국 근처에만 갔을 거라는 주장도 있다.

중국의 양즈지우楊志玖 교수를 중심으로 하는 일부 학자들은 마르코 폴로가 위대한 여행가였다는 사실을 인정한다. 양 교수는 중국 《영락대전永樂大典》의 기록을 그 근거로 든다. 원나라 지원至元 27년 8월 17일자 상주문에 남아 있는 어명을 보면 《동방견문록》과 그 내용이 완전히 일치한다. 《동방견문록》에는 또한 지원 19년 쿠빌라이의 총신 아합마阿合馬가 피살된 사건이 기록되어 있는데, 이 역시 중국 역사서의 내용과 대체로 일치한다. 그렇다면 마르코 폴로가 중국에 갔을 가능성은 보다 높아지게 된다.

일부에서는 그가 정말 중국에 갔는지 진위를 가리기보다는《동

방견문록》의 내용 자체에 주목할 필요가 있다고 말한다. 만약 이 책의 내용 대부분이 신뢰할 만한 사실이라면 마르코 폴로가 중국에 직접 가 보지 않았다고 해서 사기꾼으로 치부할 수만은 없기 때문이다.

《동방견문록》에서 가장 자세한 기록 가운데 하나는 원의 수도인 대도大都(지금의 북경)의 번화한 모습이다. 《동방견문록》은 대도에 대해 최소 세 가지 사실을 알려 준다.

첫째, 원나라가 금나라의 중도성中都城 북동쪽에 새로이 지은 성이 바로 대도임을 정확히 지적하고 있다. 쿠빌라이는 금나라를 정복하는 과정에서 중도성을 철저히 파괴한 뒤 새로운 성을 지어 수도로 삼았던 것이다.

둘째, 지금은 이미 사라진 원나라 대도의 성벽에 대한 서술도 중국 《원사元史》의 내용과 완전히 일치한다.

셋째, 마르코 폴로는 대도에서 종루(종을 달아 두는 누각)와 고루(큰 북을 단 누각)가 있는 정확한 위치를 알고 있을 뿐 아니라, 중국 봉건 왕조의 야금 제도에 대해서도 다음과 같이 상세하게 기록하고 있다.

밤에는 서너 명으로 조직된 순라대가 계속 순찰을 돈다. 이 시간에 밖에 나와 있는 사람은 일단 잡히면 바로 관아로 압송되며, 날이 밝은 후 성을 지키는 관리에게 보내져 수사를 받고 죄의 경중에 따라 처벌을 받는다.

그저 남의 이야기를 들었을 뿐이라면 이처럼 자세하게 서술하기란 쉽지 않았을 것이다.

문제는 이 책에서 발견되는 오류 또한 적지 않다는 데 있다. 예컨대 쿠빌라이가 도성을 다시 지은 이유에 대해 마르코 폴로는 '황제가 점성학자들의 점술에 근거해 금나라에 장차 반란이 일어날 것을 우려했기 때문'이라고 말한다.

그러나 마르코 폴로와 《동방견문록》의 진실성이 공격받는 가장 큰 이유는 10년 넘게 황제의 총애를 받았다는 마르코 폴로에 대한 언급을 중국 역사서 어디에서도 찾아볼 수 없다는 데 있다.

《동방견문록》이 그의 체험담인지, 아니면 아라비아와 페르시아를 통해 듣고 얻은 정보의 짜깁기인지, 혹은 마르코 폴로보다 먼저 동방에 들른 아버지와 삼촌의 여행담인지는 아직까지 정확히 증명되지 않았다.

심지어 그의 여행 경로 자체에 오류가 있다는 의견이 나오자 이를 확인하기 위해 마르코 폴로의 고향인 베네치아에서 시작해 실크로드를 거쳐 그의 발자취를 그대로 뒤쫓는 시도까지 최근 이루어진 바 있다.

《동방견문록》은 과연 마르코 폴로의 실제 체험담일까? 아니면 세상에 나온 지 100여 년 후 우연히 빛을 본 대단한 거짓말에 지나지 않는 것일까? 어느 쪽이든 그가 남긴 이 책은 세계 역사의 진로를 바꿔 버린, 대단한 기록임에는 틀림이 없다.

사라진 이반 4세의 서고

1584년 3월 18일 오후 3시, 제정 러시아의 황제 이반 4세는 평소처럼 좋아하는 노래를 흥얼거리며 목욕을 하고 있었다. 몇십 년 동안이나 몸에 밴 황제의 오랜 습관이었다. 오후 7시가 되어서야 그는 개운한 모습으로 욕실을 나섰다. 가벼운 저녁 식사를 즐긴 후, 기분이 매우 좋았던 황제는 느슨한 가운 차림으로 측근을 불러 체스를 두었다. 한 손에는 체스 말을 쥐고 다른 한 손으로는 가볍게 이마를 짚고 있는 동안 주위에 있던 신하들은 황제를 위해 훈수를 들었다. 그런데 갑자기 황제의 손이 풀리면서 '쟁그랑' 소리와 함께 비취로 된 말들이 넘어지면서 산산조각 났다. 다음 순간 황제는 고개를 뒤로 젖히며 천천히 쓰러졌다. 의사가 도착했을 땐 호흡이 멈추고 몸이 뻣뻣하게 굳은 뒤였다.

이반 4세의 종탑

상크트 바실리 대성당
이반 4세가 카잔한국 점령을 기념하기 위해 세웠다. 성당이 완성되자 이반은 이보다 더 화려하고 아름다운 건물을 다시는 못 만들게 하기 위해 건축가들을 모두 장님으로 만들었다고 한다.

1533년, 이반 4세는 겨우 3세의 나이에 황제 자리에 올랐다. 17세부터 직접 나라를 다스리기 시작한 그는 아버지인 이반 3세에 이어 스스로를 '차르'라 칭했다. 차르란 로마의 위대한 정치가 카이사르의 이름에서 비롯된 말이다. 카이사르 사후 로마에서는 물론이고 유럽의 여러 나라에서는 황제를 일컬어 카이사르라 불렀다. 이는 동로마 제국이 멸망한 이후 유럽 여러 나라가 서로 로마의 계승국임을 표방하기 위한 것이기도 했고, 황제 스스로 카이사르의 명성을 누려 보고자 함이기도 했다.

1550년, 이반 4세는 새로운 법을 반포하고 귀족들을 압박하는 등 중앙집권화를 위한 개혁을 단행했다. 뇌성벽력처럼 강력하고 극단적인 공포정치를 집행하였기에 사람들은 그를 '뇌제雷帝'라 불렀다.

우리의 관심은 이반 뇌제가 남긴 엄청난 정신 유산, 즉 그의 서고가 도대체 어디 있을까 하는 것이다. 동방정교회 수도사 막시무스 그렉의 기록에 따르면 이반 뇌제는 세계적인 대형 도서관에 필적할 만한 수많은 책을 소장하고 있었다. 대부분은 진귀한 고대 필사본이었다.

아무리 황제라지만 그렇게 많은 고대 필사본을 혼자 소유하는 것이 가능했을까? 알다시피 고대 필사본은 전해지는 과정에서 사라지거나 훼손되기 쉽다. 하지만 고증에 의해 이것이 가능하다고 밝혀졌다. 그 근거는 다음과 같다.

첫째로 이반 뇌제의 아버지인 모스크바 대공 이반 3세의 황후 소피아는 동로마 제국의 마지막 황제 콘스탄티누스 11세의 조카딸이었다. 그녀는 모스크바로 오면서 진귀한 고대 필사본을 다량 가져왔다.

둘째, 오랫동안 평화가 유지되고 황권까지 강화된 당시 상황은 고서적의 발굴에 매우 유리했다.

셋째, 역사 기록에 따르면 이반 뇌제는 문화를 중시하는 황제였으므로 고서적을 수집하는 데 온 힘을 기울였을 가능성이 높다.

막시무스 그렉은 당시의 유명한 학자이기도 했다. 이반 3세 때, 그는 높은 학식과 교양으로 황제의 신임을 얻어 황실의 서적을 정리하는 직책을 맡았다. 이반 뇌제 때도 같은 직책이 주어졌

러시아 황제 이반 4세(1530~1584년)
그는 통치 기간의 후반부에 병적인 의심으로 신하들을 공포에 떨게 했다. 이 때문에 역사에서는 그를 '공포의 이반'이라고 일컫기도 한다.

모스크바 강 건너편에서 바라본 크렘린 궁전

다. 성실한 막시무스는 서적을 정리하는 과정에서 적지 않은 오류를 발견했고 그것을 하나하나 바로잡았다. 하지만 이로 인해 권세 높은 모스크바의 대주교 다니엘의 미움을 사게 되고, 결국 모함을 받아 황실에서 쫓겨나고 만다.

이후 계속해서 교단의 박해를 받은 막시무스가 이반 뇌제의 서고에 있던 책의 목록을 완성했는지 여부는 확실치 않다. 이상한 것은 이반 뇌제의 서고에 관한 이야기가 막시무스의 기록을 제외하고는 어디에도 남아 있지 않다는 사실이다. 다만 16세기에 편찬된 한 연대기에 간단히 언급되어 있을 뿐이다.

독일 신부 오토만은 이반 뇌제의 장서를 목격한 바 있다. 크렘린 궁전의 지하실에 있는 커다란 두 칸의 방에서였다.

그러나 이반 뇌제의 서고가 잘 알려져 있지 않고 관련 기록도 거의 남아 있지 않다는 점에서 사람들은 의심을 품기 시작했다. 이반 뇌제의 서고는 처음부터 없었던 것이 아닐까?

19세기에 이르러 2명의 독일인이 이반 뇌제의 서고에 흥미를 갖게 되었다. 그들은 모스크바까지 가서 직접 서고를 찾아보기로 했다. 하지만 크렘린 궁전의 지형은 물론 이반 뇌제의 서고와 관련된 옛날 기록을 샅샅이 찾아보았는데도 서고의 문이 어느 방향을 향했는지조차 알아낼 길이 없었다. 마침내 이 진지한 두 독일인은 '아무 쓸모없는 말'을 남기고 그 일을 포기하고 말았다.

"우리는 처음부터 믿고 있었다. 이반 뇌제의 서고는 아무도 모르는 어딘가에 잠들어 있다는 것을. 이 수수께끼를 푸는 것은 세계 문화사에 있어 매우 중요한 발견이 될 것이다."

일부 학자들은 크렘린 궁전에 화재가 발생(1812년)했을 때 이 귀중한 책들이 모두 불에 타 버렸다고 생각한다. 반면 이 책들이 지하실 어딘가 가장 은밀한 장소에 숨겨져 있어 화재에도 무사했을 거라고 생각하는 학자들도 있다. 다만 들어가는 입구가 막혔을 뿐이므로 크렘린 궁전을 다시 한 번 자세히 조사할 필요가 있다는 것이다. 또 어떤 이는 대화재가 발생하기 전에 서고가 이미 다른 곳으로 옮겨졌다고 주장하기도 한다.

정교하게 장정된 〈복음서〉의 표지
러시아 장식예술의 극치를 보여 주는 이 복음서는 러시아 그리스 정교회의 주요한 특징들로 구성되어 있다.

19세기 말, 모스크바 역사학자 자뼤류하는 우연히 고서 한 권을 손에 넣었다. 그곳에 실린 고대 궁정에 관한 수많은 기록 가운데 하나는 바로 이반 뇌제의 서고에 관한 것이었다.

표트르 대제가 수도를 상트페테르부르크로 옮기기로 결정하고 모스크바를 제2의 수도로 삼은 해, 교회로부터 황실에 보고가 전해졌다. 크렘린 궁전에서 2개의 지하 밀실을 목격한 사람이 있는데, 그의 증언에 따르면 큰 자물쇠로 봉인된 커다란 상자가 수없이 쌓여 있다는 것이었다.

이에 황실의 동의 아래 크렘린 궁전을 수색하게 해달라는 요청이 받아들여졌고, 그 과정을 알 수 없으나 공문서 보관소에 전해지는 관련 보고에는 다음과 같은 기록이 남게 됐다.

전력을 다해 찾아보았지만 비밀스런 장소는 전혀 발견할 수 없었다.

이반 뇌제의 서고는 정말로 존재하는 것일까? 만약 존재한다면 어디에 있는 것일까? 그 답은 서고의 존재와 함께 잠들어 있다.

CHAPTER 05

표트르 대제의 유언장이 정말로 있을까?

1836년, 프랑스에서 '데옹'이라는 이름으로 서명된 회고록이 한 권 출판된다. 그 회고록에서 가장 중요한 내용은 '표트르 대제의 유럽 통치 계획', 즉 훗날 세계를 떠들썩하게 만든 표트르 대제의 유언이었다. 이 유언장은 유럽의 패권을 장악하고 더 나아가 세계를 정복하려는 러시아 황제 표트르 대제의 야심을 보여 주고 있었다.

그 내용은 다음과 같은 14가지로 나뉜다. 첫째, 러시아는 장기간 전쟁과 영토 확장을 도모한다. 둘째, 후계자는 인재 모으기에 주력한다. 셋째, 유럽과 관련된 사안에 적극 참여한다. 넷째, 폴란드를 분할한다. 다섯째, 스웨덴을 정복한다. 여섯째, 왕실 사이의 혼인 정책을 활용한다. 일곱째, 영국과 동맹을 맺어 통상한다. 여덟째, 흑해와 발트 해를 따라 남북 양방향으로 영토를 넓힌다. 아홉째, 콘스탄티노플과 인도로 세력을 확장한다. 열 번째, 오스트리아 지역을 통제한다. 열한 번째, 오스트리아와 유럽 각국에 분

18세기 초 러시아를 통치하며 최초로 '대제'로서 군림했던 표트르 1세(1672~1725년)는 폐쇄적이고 보수적이던 러시아를 진정한 제국으로 만들기 위해 온 힘을 기울였다.

쟁을 일으킨다. 열두 번째, 그리스 지역을 지배한다. 열세 번째, 프랑스와 오스트리아의 대립을 이용해 그 중 하나를 제압한다. 열네 번째, 게르만과 프랑스를 정복한다.

이 유언의 진위 여부를 알기 위해서는 먼저 이를 폭로한 사람, 즉 회고록의 작가 데옹이 도대체 누구이며, 그가 표트르 대제의 유언장에 접근할 가능성은 있었는지에 대해 먼저 알아보아야 한다.

1724년 겨울, 표트르 1세는 핀란드 지역을 순방하다 감기에 걸리는데, 이것이 당시로서는 불치병이던 폐렴으로 진전되고 만다. 이때부터 병석에 드러누운 표트르 1세는 다음해 1월 7일 죽음을 예감하고 급히 사람을 시켜 종이와 펜을 가져오게 한 다음

러시아, 아시아의 전제국에서 유럽의 강국으로

…절대주의 아래 번영하는 프랑스의 모습은 당시 독일과 러시아에도 많은 영향을 미쳤다. 러시아의 표트르 대제는 직접 서유럽 여러 나라를 시찰하고 내정 개혁과 군비 확장을 통해 영토를 넓히고 러시아의 근대화를 적극적으로 추진하였다.…

표트르 대제는 현재의 러시아 영토 대부분을 지배한 최초의 황제로, 정치·경제·문화적 개혁을 단행하면서 상트페테르부르크라는 새로운 수도를 건설, 유럽과의 본격적인 교류를 도모했다. 특히 서구화에 중점을 둔 그의 대외 정책은 러시아를 아시아의 전제 국가에서 유럽의 강국으로 탈바꿈시키는 계기를 가져왔다.

유언장을 쓰기 시작했다.

'왕위를 물려받을 사람은……' 이라는 몇 자 안 되는 글을 쓰기도 전에 손목에 힘이 빠져 버린 그는 공주를 불러 유언장을 적게 하려 하지만, 정작 공주가 도착했을 땐 이미 인사불성이 되어 한 마디도 할 수 없었다. 그리고 이튿날 새벽, 러시아 역사상 가장 유명했던 황제는 세상을 떠나고 만다.

훗날 표트르 1세와 그 뒤를 이은 여제 예카테리나 1세 사이에서 태어난 엘리자베타 페트로브나 공주가 제위에 올랐다. 그녀는 여제로 군림했으나 공과 사에 절도가 없어 문란한 생활을 하며 비밀리에 애인을 두기도 했다. 그 중에서 특별히 여제의 총애를 받았던 이가 바로 프랑스의 스파이 데옹 드 보몽이었다. 엘리자베타의 신임을 얻은 데옹은 자유롭게 황궁을 드나들었을 뿐 아니라 황실의 문서들도 열람할 수 있었다.

어느 해, 데옹은 여제를 따라 상트페테르부르크 교외의 여름 궁전에 갔다가 '표트르 대제의 유럽 통치 계획'이라는 비밀문서를 발견하게 된다. 정치적 후각이 뛰

러시아 황제 니콜라이 2세가 황후에게 선물한 금 공예품
내부에 표트르 1세의 조각상이 들어 있다.

아르항겔리스키 사원의 바깥 모습
대천사 성당이라고도 불리는 이곳은 러시아 역대 황제들의 무덤으로, 표트르 대제의 장례도 이곳에서 치러졌다.

이 유명한 초상화에서 표트르 대제는 한 손에는 검을 들고 다른 한 손으로는 세계 지도를 짚고 있다. 세계 정복을 꿈꾸는 그의 야심은 냉철한 표정과 시선에도 드러난다.

어났던 그는 그 문서가 보통 물건이 아님을 단번에 알아차렸고, 이를 한 글자도 빼놓지 않고 베껴 프랑스 왕 루이 15세에게 바쳤다.

이처럼 데옹은 1급 비밀문서에 접근할 수 있는 기회가 충분했을 뿐더러 직업적으로 봐서 거짓말을 했을 가능성도 거의 없다.

그러나 일부 오류를 발견한 역사학자들은 '표트르 대제의 유언장'의 진위 여부에 대해 의문을 제기하기 시작했다. 심지어 어떤 학자들은 이른바 '표트르 대제의 유언장'을 작성한 것은 표트르 1세가 아니라 데옹이라고 단정하기도 한다. 그들이 내세우는 근거는 다음과 같다.

첫째, 역사에 명확히 기록된 것처럼 표트르 1세가 세상을 떠날 때는 황위 계승자조차 제대로 지명하지 못할 만큼 매우 급박한 상황이었다. 멘시코프 원수 등은 이러한 상황을 이용해 근위부대를 동원하여 황후 예카테리나를 여제로 등극시킨다. 따라서 당시 표트르 대제가 이처럼 조리가 분명한 정치 강령을 작성하기란 어려웠을 것이다.

둘째, 러시아 사료 중에는 '표트르 대제의 유언장'에 관한 기록은 전혀 없으며 황실 문서 중에도 존재하지 않는다.

셋째, 현재 전해지는 이 유언장에는 수많은 판본이 있는데 각

각 내용이 크게 차이 난다. 더욱이 데옹의 회고록은 유언장의 초안이 씌어진 시기와 수정된 시기를 명확히 밝히고 있지 않다.

넷째, 표트르 대제에게 정말로 그런 의도가 있었다 하더라도 이를 노골적으로 명기할 필요는 전혀 없었다.

그러나 이런 관점에 반대하는 전문가들은 이렇게 말한다. 당시 표트르 1세가 계승자를 정하는 유언을 남기지 못했다고 해서 후계자에게 전하는 강령조차 존재하지 않았다고는 볼 수 없다. 제왕들은 대개 자신의 생명이 마지막에 이르렀을 때에 후계자를 택하는 법이지만, 후계자에게 남기는 강령은 후계자가 정해지지 않은 시점에서도 만들어 놓을 수 있기 때문이다.

유언장의 진위를 입증하는 또 다른 유력한 증거는 19세기 초에 등장했다. 데옹이 표트르 대제의 유언장을 루이 15세에게 바친 지 50년이 지난 후, 프랑스에 망명한 폴란드 장군이 러시아 황실에서 훔쳐 왔다고 주장하며 '러시아 영토 확장 계획'이라는 문서를 프랑스 정부에 전달했다. 그런데 그 내용이 데옹이 본 내용과 완전히 일치했다. 우연치고는 공교로운 일이었다.

현재로서는 유언장이 진짜인지 아닌지 판단하기가 쉽지 않다. 그러나 이 유언장과 이를 둘러싼 논쟁이 제정 러시아의 영토 확장 야심을 반영하고 있다는 것은 분명한 사실이다.